Fritz Muliar · Strich drunter

Fritz Muliar

Strich drunter

Bevor es wieder zu spät ist

K&S

5. Auflage

ISBN 3-218-00626-0

Schutzumschlag: Kurt Rendl
unter Verwendung eines Fotos von Pressefoto Votava, Wien
Satz: Zehetner Ges. m. b. H., A-2105 Oberrohrbach
Druck und Bindung: Wiener Verlag, Himberg bei Wien

Inhalt

Meine Theaterwelt

Meine kleine Welt

Raunzereien zum Alltag

Was dieses Buch will . . .

Mein Freund, der Verleger Leo Mazakarini, hat mich dazu überredet, ihm die hier veröffentlichten Tagebuchnotizen, Gedanken und Raunzereien, meine Bekenntnisse und Wunschvorstellungen, zur Veröffentlichung zu überlassen.
„Schau, du bist 76 Jahre alt. Was kann dir noch passieren? Einmal muß man ja allen seine eigene Wahrheit sagen. Und wann solltest du das tun, wenn nicht jetzt? Bist doch sonst ziemlich offen. Also, sei mutig und erinnere dich, damit nicht manche Wursteln wieder einmal sagen: Wir haben das alles nicht gewußt, und deshalb . . . Also red, und laß mich draus ein Buch machen. Vielleicht hört der eine oder andere auf dich."

Und Leos nächster Satz war: „Soll wer ein Vor- oder Nachwort schreiben? Der Hugo Portisch? Der Johannes Mario Simmel? Der Sichrovsky? Dein Franz Morak? Sonstwer?"
Noch bevor ich mein Einverständnis zur Drucklegung gegeben hatte, war die Vorwortfrage geklärt: „Das schreib' ich mir selber", antwortete ich meinem Freund Leo. Warum? „Schau", sag' ich zum Leo, „wer wird schon verstehen, warum ich dies und jenes gedacht, gesagt und aufgeschrieben habe? Am besten doch ich selber." Also werd' ich auch bevorworten. Ich will ja mit niemandem streiten, mich mit niemandem verfeinden, will niemanden kränken. Trotzdem muß manches einfach gesagt sein, festgehalten, aufgeschrieben werden.
Ich bin längst nicht mehr auf Anerkennung aus, und Lob bewegt mich ebensowenig wie Tadel. Ich habe mein bewegtes Leben gelebt und in meinem Alter sicherlich nicht mehr allzu viele Aventüren vor mir. Unter das Gelebte aber will ich einen Strich ziehen, um dann leichter addieren und subtrahieren zu können.
Strich drunter! Abrechnung?

Die verbleibenden Jahre sind nur mehr die Mehrwertsteuer.
Zurückblickend kann ich sagen: Ich habe wenig gehaßt, manchmal verachtet und viel und vieles geliebt. Frauen, Männer, Brüder, meinen Beruf und vor allem mein Land, mein Vaterland Österreich.
Meine jüdischen Freunde, es sind heute leider nicht mehr viele, haben mich – wenn es um Grundsätzliches ging – stets gefragt: „Ist das gut für die Juden?"
Ich selber habe mich bei allem, was ich gedacht und getan habe, stets gefragt: „Ist das gut für mein Österreich?"
Ich habe manches getan, was andere erstaunt, schockiert und verärgert hat. Ich habe es gesagt und getan, weil ich glaubte, daß es gut für mein Österreich ist.
Ich habe an dieses Land geglaubt, als sein Name, wie Gerhard Fritsch einmal sagte, nur geflüstert werden durfte. Ich habe für dieses Land gezittert und gebetet, und – glauben Sie mir – ich habe für dieses Österreich viel mitgemacht und viel gelitten.
Wissen Sie, wie hart es war, in den sieben finsteren „braunen" Jahren, ein rot-weiß-roter Mensch zu sein? Ich war's, und hab' es durchgestanden. Wir haben dieses Land aus den Trümmern gegraben und wieder zum Atmen gebracht. Der Staat, an den keiner glauben wollte, wurde zu einem der reichsten der Welt. Die Bausteine dazu waren unser Zutun, unser Fleiß und unser Glaube.
Ich habe es als einer der ersten Schauspieler gewagt, mich politisch öffentlich zu deklarieren. Man hat mich dafür bedreckkübelt. „A Künstler gehört allen!" Ja, zugegeben. Aber nur als Künstler! Nicht als Mensch und Bürger. „Warum setzen S' Ihnen für den Kreisky ein?" Tausendmal gefragt – die Antwort: Weil ich glaube, daß er gut für Österreich ist.
„Warum haben Sie mit dem (mutigen) Otto Taussig gegen die amerikanische Atombombe demonstriert und sich dafür besudeln lassen?" Weil ich glaube, daß das gut für

Österreich war. „Gegen die Russen haben Sie auch demonstriert!“ Ja, weil es gut für Österreich war.
Ich war für Bruno Kreisky und für die von ihm geführte Sozialistische Partei, der ich seinetwegen beigetreten bin, und in der ich vielleicht auch seinetwegen geblieben bin.
Ich habe bei Gott nie etwas gegen den Menschen Kurt Waldheim gehabt, und ich weiß wie Sie: Er war kein Nazi! Aber ich wollte ihn nicht als unseren Bundespräsidenten haben. Es war meinem wachen Empfinden nach nicht gut für Österreich.
Ich werde als Stimmführer der Peymann-Gegner apostrophiert. Glauben Sie mir dennoch: Ich habe nichts gegen diesen Herrn, er ist mir völlig wurscht. Aber er ist, so glaube ich fest, nicht gut fürs Burgtheater, also für mein Österreich.
Und abschließend und im Vertrauen: Ich habe auch nichts gegen einen Menschen namens Jörg Haider. Aber ich weiß sicherlich: Er ist nicht gut für mein Österreich.
So einfach ist das alles, und so logisch. Ich will nie wieder Angst haben müssen um dieses-Land, will mich nie wieder verbittern lassen. Ich will, wie mein Freund Michael Janisch so trefflich sagt, „in Ruhe mit ein paar Spezln mein Viertel Wein trinken können“; will Freude an Menschen haben, besonders an jungen; und will den Freunden gegenüber dankbar und den anderen gegenüber gerecht sein.
Ich will, so gut ich kann, eine Zeitlang noch Theater spielen. Und ich will, wo es nötig ist, den Finger heben, so daß nie wieder ein Kanzler sagen muß: „Lernen Sie Geschichte, Herr Redakteur!“ Und schon gar nicht, daß sich ein Kanzler mit den Worten „Gott schütze Österreich“ verabschiedet, um mein Österreich anderen zu überlassen. Ich hoffe, Sie verstehen, warum ich diese meine Gedanken zur Verbreitung freigegeben habe. „Ich liebe dieses Land bis zum Kindischsein“, sagte Franz Grillparzer. Ich denke, in diesem Punkt stehe ich ihm um nichts nach.

Mein Österreich

Was Österreich ist . . .

Wenn mich Menschen fragen (und sie fragen oft), was denn dieses Österreich ist, so antworte ich immer das gleiche: „*Ich* bin Österreich." Ich bin unser Land in all seiner Eigenart, mit all seinen Facetten, mit all seinen Vorteilen und Fehlern.
Ich war Soldat und Widerstandskämpfer und bin überzeugter Republikaner mit Sehnsucht nach der verlorengegangenen großen Monarchie, ich bin überzeugter Liberaler, der sozialdemokratisch wählt, bin ein tiefgläubiger Konfessionsloser, bin Agnostiker mit scharf konturiertem Gottesbild. Ich bin ein deutsch theaterspielender und schreibender Österreicher, der alles „typisch Deutsche" wie überhaupt alle vordergründigen Metaphern konsequent ablehnt; ich bin ein fleißiger Faulpelz, ein seßhafter Vagant, ein hoffnungsreicher Pessimist, ein pessimistischer Zukunftsgläubiger. Und so weiter.
Merken Sie, worauf ich hinaus will? Ich bin Österreicher, und uns verbindet unsere Insel der Seligen (was Österreich nie ganz gewesen ist) und zugleich unsere Mördergrube (auch die ist dieses Land nie ganz gewesen).
Gerhard Fritsch, der in den sechziger Jahren in den Freitod ging, verzweifelte an seiner Liebe zu diesem Land, wie auch später der in seiner wahren Bedeutung viel zu wenig gewürdigte Friedrich Heer: Beide waren sie leidenschaftliche Österreicher. Überzeugt folge ich ihren Spuren.
Ich selbst bin Österreich. Daher verachte ich die miesen Opportunisten, die großmauligen Berufspatrioten, die pöstchenschachernden Bundeshymnen-Dahersabberer.
Was ist Ihr Österreich? Auch Sie selber?

Unter dem Dach des Vaterlands

Zu viele Begriffe, die wir immer wieder verwenden, sind falsch besetzt, viele sind durch Mißbrauch in Verruf gekommen. So ist es heute in Österreich (und wohl auch in Deutschland) nahezu anstößig, sich als Patriot zu bekennen. Wer stolz auf sein Land ist, wer es liebt und über diese Liebe auch noch öffentlich spricht, wird sofort zum Nationalisten mit faschistoider Grundhaltung.

Mich hat es sehr betroffen gemacht, als mich eine dümmliche Journalistin einmal zynisch als „manischen Patrioten" beschimpft und damit versucht hat, meine Heimat- und Vaterlandsgefühle lächerlich, ja verächtlich zu machen.

Diese „Dame" weiß wahrscheinlich zwischen Patriotismus und Nationalismus nicht zu unterscheiden, ein Umstand, den Madame mit anderen Dummköpfen gemeinsam hat.

Obige Geschichte ist nur ein Aufhänger für die folgende: Mit Vaterlandsliebe wird man nicht geboren, sie wird einem anerzogen, oder sie entwickelt sich im Laufe der Zeit anhand zahlloser Begebenheiten von selber.

Ich selbst ging in einem recht eigenartigen Haushalt dem Erwachsensein entgegen. Mein Vater trat für mich erst ab 1936 in Erscheinung, er war aktiver k. u. k. Offizier, danach wurde er Journalist.

Mutters zweiter Mann, mein Stiefvater, war ein jüdischer Juwelier aus Schitomir in Rußland. Großvater Deutschnationaler, die Großmutter streng katholisch und kaisertreu.

Schließlich meine Mutter: aus vollem Herzen Sozialdemokratin.

Da gab es nicht viel Übereinstimmung, aber es gab für uns alle das Schutzdach der unbedingten Vaterlandsliebe.

Meine Leute wollten nie was wissen von: *Österreich ist nicht lebensfähig;* oder *Wien ist ein Wasserkopf.*

Was auch immer dahergeredet wurde, links und rechts, drüber stand das Vaterland. Im Parteiprogramm der Roten wurde der Wille zum Anschluß an Deutschland kundgetan; die Deutschnationalen waren sowieso dafür. Vorarlberg drängte vergebens in die Schweiz, Tirol nach Deutschland. Der Stellenwert des zum Kleinstaat heruntergekommenen Österreich war denkbar gering.
Man trauerte um den Vielvölkerstaat, war mutlos und hungrig. Die Mutlosen jedenfalls begannen, ihre Namen zu germanisieren, um eine eventuelle Überfuhr nicht zu verpassen. Die Watzlawicks wollten halt Wickinger werden, um ruhig und mitbestimmend in ihrer Waldheimat werken zu können.
Da bleibt dem, der überleben will – und das wollen wir doch alle – nichts anderes übrig, als nach dem gemeinsamen Nenner zu suchen. Und dieser war (seit die Habsburger verjagt waren, hatte auch mein Großvater nichts mehr gegen dieses Österreich) das gemeinsame Vaterland, der kleine, abgelehnte Rest der alten Monarchie.
Zugegeben, man schleppte das Stolzsein auf das große Reich (als Bürger einer Großmacht) hinüber in die neue Zeit, in der man eben nur mehr ein Kleinstaatler war. Doch, waren dies die Schweizer nicht auch, oder die Belgier, die Holländer, die Dänen?
Rings um unser Staatsgebiet lagen weitere Kleinstaaten, nicht so klein wie der unsere, doch auch nicht eben groß. Die neugeschaffene Tschechoslowakei, das geschrumpfte Ungarn und das neue Gebilde SHS, aus dem man dann den Vielvölkerstaat Jugoslawien schweißte.
„Das haltet sich nicht“, meinte Großvater, dem auch um die Zukunft der Tschechen und Slowaken bange war. Aber, bei allen Gegensätzen, die Familie Muliar-Stand (Stand hießen die Großeltern) war sich in einem Punkt einig: Österreich muß bestehen bleiben, ein Anschluß an Deutschland kommt einer Katastrophe gleich: „Mit denen

auf der Seiten haben wir immer draufzahlt", meinte Großvater, der Deutschnationale.
Und wenn das Land nicht lebensfähig ist, sagten sie, dann müssen wir es alle miteinander halt lebensfähig machen. Wir fünfe aus der Kandlgasse im siebenten Wiener Gemeindebezirk, Pfarre Schottenfeld.
Im Familienherd loderte nicht die Flamme des Chauvinismus – von Nationalismus war überhaupt nicht die Rede –, aber es gloste die wärmende Glut der Vaterlandsliebe, des Patriotismus.
Das wirkte sich auf das Kind, das ich damals war, emotional stark aus. Bei allen Spielen – „Zur Suppe, zur Suppe, die Knödeln sind heiß" – wollte ich nie der Deutsche, der Engländer, der Russe oder der Amerikaner sein, nein, ich wollte partout als Österreicher auftreten. Wir – sechs Freunde und ich – spielten Völkerbund; selbstverständlich wollte ich der österreichische Delegierte sein. Und ich beneidete schon damals einen Autor, weil er den Namen Österreicher trug. Ja, ich war auf dieses Land fixiert.
Dabei war das, so weiß ich heute, gar nicht so leicht. Das Land und seine Geschichte wurden verleumdet, heruntergemacht, verhöhnt.
Man spottete über den Hungerstaat, die „Judenrepublik", den letzten Rest „Kakaniens". Man verachtete die Politiker, selbst den Bundespräsidenten und den Bundeskanzler. Den jeweiligen, nicht nur den kleinen tapferen Engelbert Dollfuß, den sie Millimeternich riefen und von dem man sang: „Engelbert, hau s' Kind auf d' Erd."
An den Bundespräsidenten Michael Hainisch erinnere ich mich nicht, ich wußte nur, daß seine Mutter, Marianne, für die Einführung des Muttertags eingetreten war. Das genügte.
Mein Stiefvater hatte aus Amerika ein Buch mitgebracht, in dem viele Kaiser, Könige und Präsidenten abgebildet waren. Und unter einem Bild, das einen vollbärtigen Herrn zeigte, stand: *President of Austria. Hainisch.*

Ich fühle heute noch, wie stolz ich damals war: Der Präsident meines kleinen Heimatlandes tritt da gemeinsam auf mit den Großen der Welt. Und ich bin ein Kind dieses Landes, werde einst sein Bürger sein, in des Wortes doppelter Bedeutung.

Ich suchte nun immer wieder nach Punkten, Fakten, die meine Liebe rechtfertigend untermauern konnten. Ich sah den Schutzbund der Sozialdemokraten stolz durch die Straßen marschieren, beobachtete die besser ausgerüstete Heimwehr mit dem Spielhahnstoß auf dem Hut. Ja, ich war auf beide stolz. Kurios, aber wahr.
Daneben entwickelte sich ganz logisch meine Abneigung gegen die Krawallpolitik der Nazis, gegen Aggression und Terror.
Damals begannen die Verbalhinrichtungen der Demokratie. Plakate mit der Aufschrift „Juden Eintritt verboten" waren nur das Vorspiel. Es folgten die Sprengungen der Telefonzellen, das Einblasen von Tränengas in Wohnungen durchs Schlüsselloch, die Ermordung des Juweliers Futterweit, die von den Angehörigen der nationalen Burschenschaften angezettelten Schlägereien auf dem geschützten Boden der Universitäten. Das, so meinte ich bald, hat in meinem geliebten Heimatland nichts zu suchen, muß verschwinden und daher bekämpft werden.
Deshalb graut mir so sehr vor den ekligen Ausfällen gewisser Politiker – aller Parteien; denn sie erinnern mich an die Diktion des „Gauleiters" Eduard Frauenfeld, der sich zwar im Spital der Israelitischen Kultusgemeinde erfolgreich operieren ließ, aber unsere jüdischen Mitbürger wild begeiferte.
Otto Bauer und Julius Deutsch, sozialdemokratische Politiker, Männer, denen er intellektuell nicht das Wasser reichen konnte, waren Zielscheibe dessen, was er unter Zynismus und Humor verstand. Verleumden war seine Strategie. Darum gab es Gauredner, Gauleiter, Gaubeauf-

tragte. All das gab es, bis hin zum Supergau. Auch das haben wir erlebt.
Österreichs Erste Republik mündete totgelähmt, von außen ruiniert, in den Anschluß an das in Österreich immer überschätzte Deutschland, das nun ein Drittes Reich des nationalen Sozialismus geworden war.
Man hat uns, mit weitläufiger Zustimmung unserer verhetzten Bevölkerung, schlicht und einfach geschluckt. Von den Dächern wehten nun die roten Leichentücher Österreichs mit dem geknickten Kreuz.
Durch all diese Umstände wurde ich immer mehr bestärkt, noch österreichischer zu fühlen.
Dann aber haben sie angefangen, meine Freunde zu schikanieren, zu vertreiben. Ich bin mir bewußt, daß der von mir an sich gemochte Ständestaat, dieser weihrauchvernebelte, einen latenten Antisemitismus pflegte, aber die Leute wenigstens leben ließ. Er nahm Emigranten aus dem Nazireich auf, ließ Türen, zumindest Schlupflöcher, offen. Man duldete alle Religionsgemeinschaften (allerdings dominierte eine einzige alle anderen), man ließ die Freimaurerlogen arbeiten (obwohl der Katholizismus sich als die Antithese der Maurerei verstand). Und sogar die verbotenen Parteien hatten Existenzmöglichkeiten, wenn auch gefährliche.
Es gab eben Unterschiede: Mussolinis Faschismus war harmlos im Vergleich mit Österreichs christlich-sozialer Diktatur, und diese wieder ein laues Lüfterl gegen Hitlers Nazideutschland.
Mussolinis Faschismus war, verglichen mit dem Hitler-Terror, so was wie eine Diktatur mit menschlichem Antlitz. Mag sein, daß hier die Italiener heftig widersprechen (oder auch nicht), von unserem Standpunkt jedenfalls sah es so aus. Deshalb schien mir auch die brutale Ermordung des Duce unverständlich. Hätte man ihm doch den Prozeß gemacht, man hätte vielleicht vieles die Geschichte Erhellendes erfahren.

So aber ist die Republik von Salò ziemlich schnell und sang- und klanglos von der Bildfläche verschwunden. Heute urlauben Tausende Sonnensüchtige an den Ufern des Gardasees. Die meisten von ihnen ahnen nicht, daß eben hier das blutige Ende des Faschismus stattfand.
Ich liebe dieses Land, in dem Goethe nach den Burgen der Skaliger suchte, den See, auf dem der Dichterfürst segelte.
Riva, viele Jahre österreichisch, liegt in einer von düsterer Geschichte geprägten, herrlichen Landschaft.

Meine Mutter war mit einem Doktor Coda befreundet, der ein Mitarbeiter Giacomo Matteottis gewesen ist. Dieser Dr. Coda spazierte auch nach der Ermordung des großen Sozialistenführers demonstrativ mit roter Krawatte herum. Das wäre unter den Nazis nicht möglich gewesen.

1938: Mein Stiefvater war bereits emigriert, und ich brachte meinen Mathematik-Professor Dr. Ungar mit vielerlei abenteuerlichen Tricks über die Grenze. Übrigens: zwei Jahre vorher war ich beim selben Doktor Ungar in Mathe durchgefallen. Mit Recht.

Meine große Liebe als Vierzehnjähriger, die wunderschöne Mila Langsam, war den Nazis gottlob noch rechtzeitig entkommen. Aber den Buchhalter der arisierten Rudolfsapotheke (in der zu arbeiten meine Mutter zwangsverpflichtet war), Herrn Spitz, den haben sie verschleppt.
Meine Wut auf das Gesindel wurde täglich größer, und je länger ich mir das Nazigerede anhören mußte, desto heftiger wurde mein Zorn.
Was tun? Ebenfalls ins Ausland flüchten? Ich dachte daran, hatte konkrete Möglichkeiten. Marina Wach war Sprengmeisterin. Auf ihrem Auto flatterte eine schwarze Fahne mit einem weißen P für „Pulver". Sie brachte mit diesem Fahrzeug immer wieder Verfolgte an die Grenze.

Ich schlug dies auch meiner Mutter vor, doch diese flehte mich an, hierzubleiben, aber mit jedem Tag, den ich weiter hier verbrachte, steigerte sich meine Wut.
Ich blieb, wurde an das Kabarett „Simpl" in Wien engagiert. Der berühmte Fritz Grünbaum, der hier Feuerwerke kabarettistischer Kleinkunst dargeboten hatte, war bereits ins KZ abgeschoben. In der Direktion saßen Hakenkreuzler. Aber außer der Zensur des Programms war in den Garderoben und auf der Bühne von denen nicht viel zu spüren.
Fritz Imhof, Paul Löwinger, Heli Gassner waren mit Sicherheit Antis. Der Rest des Ensembles hielt den Mund, und wenn es ihn auftat, so nur, um die Texte des „Mischlings" Kurt Nachmann zu sprechen.
Nachmanns Vater war damals eine Zeitlang in der Wohnung meiner Mutter versteckt gewesen, eine Aktion, die vom Parteifunktionär Leo Förster gedeckt wurde.
Störend im „Simpl": Außer dem urkomischen Paar Wondra und Zwickl waren unsere Darbietungen untermittelmäßig. Im Publikum dominierten braune Uniformen, und manche dieser Bonzen mögen eher der alkoholischen Getränke denn der Kunst wegen den Weg in den „Simpl" gefunden haben.
Als ich einmal mehr Gage forderte, wurde ich umgehend zu den Fahnen beordert.
In Fels am Wagram begann dann mein Leidensweg: Erniedrigungen – „Scheißostmärker", „Weana Schlawiner" –, man ließ uns sehr merken, daß wir „Beutedeutsche" waren. Und ich kannte viele von uns, die es bei Gott nicht gerne waren.
Ich habe selten so viel Dummheit, Borniertheit und Überheblichkeit erlebt wie in diesem Fliegerhorst, den das rheinische „Stammpersonal" der Deutschen Wehrmacht „den Arsch der Welt" nannte.
Der Landstrich zwischen Kirchberg und Krems war damals wirklich noch arm, unterentwickelt; die Einwohner

wurden daher von den Besetzern als „faule Specklecker“ und sonstnoch was bezeichnet.
Alle Voraussetzungen waren gegeben, damit die meisten Österreicher enger zusammenrückten. Natürlich gab es auch eine ganze Reihe netter Deutscher, doch diese hielten sich von uns fern. Anderseits gab es auch unter uns Nazis, mehr noch Opportunisten, die auch zu Verrätern an manchen von uns wurden, auch an mir . . .
Krems an der Donau war damals „Gauhauptstadt“, eine Stadt, die ihre Juden bereits losgeworden war, auf welche Weise auch immer. Wenn man heute in das liebenswerte Krems kommt, kann man sich nicht mehr vorstellen, daß hier – und wie! – Nazibonzen geherrscht hatten. Der Gauleiter von Niederdonau, Hugo Jury, war hier beinahe absoluter Herrscher.
Ich hatte in Fels am Wagram eine kleine Theatertruppe zusammengestellt; wir traten rundum im Land auf. In Absdorf-Hippersdorf etwa, oder in Tulln, und natürlich auch in Krems. Der Reinertrag dieser Veranstaltungen floß der „Winterhilfe“ (WHW) zu. Das war in Ordnung. Nicht in Ordnung war, daß die Damen der Kreis- und Ortsgruppenleiter („Spenden für unsere Soldaten an der Front“) die um dieses Geld gekauften Pelzmäntel auch noch öffentlich trugen. Aber niemand sagte was, denn „die da oben“ waren nicht so beliebt wie gefürchtet. Widerspruch konnte tödlich sein, das wußten alle: auch die Jubler, Judenvertreiber und die Konfidenten der Schlächter.
Der Spitzeldienst war damals weniger gut organisiert als in der späteren DDR, aber mindestens genau so effizient. Mitglieder der Hitlerjugend verrieten „defaitistische“ Gespräche ihrer Eltern, und Eltern verrieten ihre Kinder.
Als ich wegen § 5 (Wehrkraftzersetzung, welch mieses Wort) abgeurteilt worden war, sagte mein leiblicher Vater – er war damals Major: „Er hat den Führer beleidigt, man soll ihn erschießen!“ Nein, der feine Original-Papa hat's nicht gerichtet, obwohl er es hätte richten können.

Nach einundzwanzig Monaten Haft versetzte man mich zu einer Bewährungskompanie, dort wurde ich mit dem Eisernen Kreuz ausgezeichnet. Das war dem Herrn Vater wieder recht. Ich habe mich für seine Gratulation nicht bedankt.
Verraten hatte mich ein Ostmärker, was heißt verraten? Angezeigt. Ein Freund, nebbich, und ein begeisterter Nazi. In Zivil war er Lehrer an einem Wiener Gymnasium, Zeichenlehrer. Wenn man ihn nach seiner Profession fragte, sagte er stolz: Kunstmaler. Nett, gebildet, hinterhältig, kriecherisch. Zuerst bei mir, um bei unserer kleinen Theatertruppe mitmachen zu dürfen. Dann bei den anderen. Letztlich auch ein armes Schwein. Ich habe ihn nachher nicht belangt, er war gestraft genug – wenn er es begriffen hat. Aber, hat er es begriffen?

Natürlich habe ich bei der vom famosen Oberstleutnant Munske genehmigten Bühne des Fliegerausbildungsregiments 72 fast nur Österreicher eingesetzt, schon um das Ensemble mit einer einheitlichen Sprache zu präsentieren. Der Küchenbulle – ein gar nicht so übler Tenor – durfte gegen Abgabe von Gekochtem an die „Künstler“ mittun, obwohl er aus dem Rheinland und nicht aus Innsbruck, Wels oder Mörbisch stammte.
Rudi Broneder, Sohn eines Kostümverleihers aus Wien und Nazigegner katholischer Prägung, besorgte die „Fetzen“ und war im übrigen mein Partner bei den Doppelconférencen. Ein lieber, unendlich langer Kerl, der sich bald an die Front versetzen ließ, um nicht gegen mich aussagen zu müssen; oder, vielleicht auch, um in meinen Prozeß nicht hineingezogen zu werden. Denn er hat bei unseren schwerst verbotenen Aktionen stets treu und brav mitgetan. In Auxerre später schleuste er einmal ein jüdisches Mädchen durch die Kontrollen in die Freiheit. Ein gläubiger Katholik, hochanständig: Er fiel in Rußland. Ich habe um ihn sehr geweint.

Mein besonderer Spezl war Poldi Wondru, ein Prachtbursche, dieser Wiener. Auch er war unserer Freundschaft gegenüber treu und den „oberen“ gegenüber verschwiegen. Poldi ist gefallen; Schmerz, Trauer, Zorn, Haß gegen die Mörder, die ihn „um der Idee willen“ in den Tod geschickt haben.
Einen „Kameraden“ aus Deutschland hatte ich in der Gruppe und besonders gern. Es war ein netter, etwas weicher, sehr gebildeter Mann. Während meines Prozesses jedoch hat mich dieser Kerl derart eingetunkt, daß es für mich fast die Kugel gegeben hätte. Er erinnerte sich lauthals an Vorgänge, die gar nicht zur Debatte standen. Er belastete mich schwer und grinste, als er – wie später noch zu erzählen sein wird – das Gerichtszimmer in Clichy verließ, höhnisch zu mir herüber. HJ-Treue, deutscher Traum? Oder Feigheit?
Er ist für mich auch ein Beispiel, wie irrational man selber reagiert. Dieses Miststück kam aus der Ecke um Köln. Trotz rheinischer Gemütlichkeit, trotz gotischem Dom und Helau – ich weiß, es ist ein verwerfliches Pauschalurteil, aber ich meide dieses Eck heute noch. Ich hab' nichts gegen die Menschen dort, bei Gott. Aber ich kann den Kerl nicht vergessen, und dort fällt er mir halt allenthalben ein. Mitunter sind Schatten zu dunkel, um sie zu überspringen. Und: Die alten Kameradschaftsbündler vergessen ja auch nicht. Obwohl man von denen gar nicht verlangt zu vergessen. Wieso also von mir?

Juligedanken

Meine neue Hüfte macht mir Probleme. Es ist Ende Juli 1995. Noch hatsche ich, gestützt auf meine Krücken, erklimme Stufe für Stufe. Und manchmal purzelt mein Blutdruck in der Mittagshitze auf die unterste Erträglichkeitsstufe.

Doch das Hirn fängt zu funktionieren an. Ich erinnere mich wieder, stelle Zusammenhänge her. Hitze mag langsamer, sie darf aber nicht unpräziser machen.
Ende Juli, was klingt da in meinem Kopf an? 25. Juli 1934: Naziputschversuch in Wien, Ermordung des Bundeskanzlers Engelbert Dollfuß.
Aber auch: Meine sehr geliebte Großmutter starb am selben Tag an einer Embolie – nach einer Gallensteinoperation. Neun Tage lang hatte man sie nicht aufstehen lassen, am zehnten durfte sie ihre stark gefaschten Beine aus dem Bett heben. Ein Blutgerinnsel schoß ins Herz, Ende eines Heldenlebens.
Denn sie hat gekämpft, geschuftet, sich abgemüht: sie wusch mit ihren Händen in der Waschküche unter dem Dach die Wäsche – in Riesenkesseln, mit Schmierseife und Rumpel. Dann wurde die Wäsche auf dem sommerlich-hitzelastigen Dachboden zum Trocknen aufgehängt. Das gleiche tat sie aber auch bei Minusgraden.
Arbeit, Arbeit das ganze Leben, wenige Freuden, die aber dankbar genossen, ein Leben stets an oder unter der Armutsgrenze.
Sie hatte sich's so sehnlich gewünscht, aber sie hat das geliebte Meer nie gesehen. Sie lebte ein mühseliges, nie wirklich bedanktes Frauen-, nein, ein Heldinnenleben.
Sie lag bereits tot in ihrem Krankenbett, als am Ballhausplatz, gegenüber der Wiener Hofburg, Engelbert Dollfuß zum ersten großen Mordopfer der Nazis in Österreich wurde.
Der kleingewachsene Kanzler war hochdekorierter Offizier des Ersten Weltkriegs gewesen. Er hat viele politische Fehler gemacht, aber er hat auch unerhörte Haltung bewiesen – er hat vor den Nazis nicht kapituliert.
Er war ein überzeugter Gegner des Hitlerismus, und weil er so unbeirrbar war, so standfest, mußte er sterben. Verbluten haben sie ihn lassen, diese Schweine, die dem streng katholischen Mann auch die Letzte Ölung seiner

Kirche verweigerten, die ihn gehöhnt und verspottet haben.
Er ist als Held gestorben, ganz im Gegensatz zu jenem Verrückten, der sich in den letzten Kriegstagen im Führerbunker zu Berlin feige eine Kugel in den Kopf gejagt hat. Selbstredend hätte der fromme Dollfuß unter keinen Umständen Hand an sich gelegt.
Man muß die Geschichte dieses Dr. Engelbert Dollfuß kennen, wenn man ihn und seine Handlungsweise verstehen will. Die heutige ÖVP, quasi die Nachfolgepartei der Christlichsozialen der Zwischenkriegszeit, bewahrt in einem ihrer Amtszimmer eine Photographie dieses Kanzlers auf: Dieser Umstand wird auch von einigen ÖVP-Mitgliedern kritisiert. Ich, als Zeitzeuge, als Antifaschist, als Österreicher, habe für diese Nostalgie viel Verständnis.
An diesem 25. Juli 1934 kam der große Kabarettist Armin Berg unmittelbar nach der Niederschlagung des Naziputsches ins Kaffeehaus und sprach die seherischen Worte: „Freunde, mir san prolongiert."
Den Rest der Geschichte kennen wir.
Vierzehn Jahre nach diesem Attentat fielen amerikanische Atombomben auf Hiroshima und Nagasaki. Der Zweite Weltkrieg war zu Ende, Japan kapitulierte Monate nach dem Fall seines Partners, des tausendjährigen Reiches.
Hunderttausende Japaner starben damals und, radiumverseucht, während der folgenden Jahre, obwohl Japan vor dem Wurf der Atombombe die Kapitulation angeboten hatte. Noch heute zerbrechen sich Historiker die Köpfe, denken Strategen nach, ob der Blitz von Hiroshima die Welt vor einem Dritten Weltkrieg bewahrt hat. Möglicherweise ja.
Zum Glück setzten sich in den USA Leute wie Joseph McCarthy nicht durch mit ihrer Parole *to nuke the red.* Hätten sich diese Herrschaften durchgesetzt, so hätte das selbstverständlich nicht das Ende der Welt bedeutet, viel-

leicht aber wäre es das Ende dessen gewesen, was wir so frech Zivilisation nennen.

25. Juli 1995: Jacques Chirac, der neue Präsident der Grande Nation, läßt wieder einmal Atombomben testen, im Atoll von Mururoa. Er meint, damit die Mittelmacht Frankreich wieder zur Großmacht hochstilisieren zu können. Da kann man nur ein altfranzösisches Wort vor sich hin brabbeln. Nebbich!

Ich bin an diesem Tag sehr traurig, weil ich Frankreich überaus liebe. Es sind nicht die prachtvollen Landschaften, es sind die Menschen, die ich in diesem Land so mag. Ich freue mich an diesen hochmütigen, ihre Provinzlerallüren pflegenden Leuten im Burgundischen; ich kenne die Pariser, die nichts mit dem Tourismus zu tun haben, mag ihre Art der Konversation und ihren Lebensstil.

Ich habe bei Arbeitern gewohnt und bin mit Beamten in Bistros gesessen, ich habe während der deutschen Besatzungszeit Kollaborateure kennengelernt und andere, die aktiven Widerstand geleistet haben. Kommunisten, Katholiken, Pfadfinder und Soldaten.

Sie alle waren nicht besser und nicht schlechter als Menschen anderswo, aber sie waren in erster Linie Franzosen. Präfekten haben deutsche Standortkommandanten zu Tisch gebeten, haben sie bewirtet und umschmeichelt, während ihre Töchter und Söhne Schienenstränge gesprengt haben.

Von den 350.000 französischen Juden der Vorkriegszeit haben, laut Chirac, 73.000 während der Hitlerzeit ihr Leben lassen müssen, wurden gequält, deportiert, ermordet.

Aber 270.000 haben überlebt, was heißt: Die hat auch wer gerettet. Anders als bei uns, wo die Vernichtung eine fast hundertprozentige war.

Österreich alt, Österreich neu

Ich bin ein im Jahre 1919 geborener Österreicher. Daher ist mein zwiespältiges Verhältnis zu den Nachkommen und jetzt noch lebenden Mitgliedern das Erzhauses evident. Natürlich sind mir diese Leute – auch als Symbole des Hauses Österreich – viel näher als die Häuser Hawlicek, Haider und Fasslabend. Kreiskys Clan liegt für mich dazwischen.
Aber wo stehe ich nun wirklich? Da ist zunächst die Geschichte, die von den Nachkommen dieser Schweizer Grafenfamilie mitgeprägt wurde und zu der ich mich bekenne, auf die ich über lange Strecken hin stolz bin. Obwohl es mir völlig wurscht ist, ob und wie lange die Habsburger auch römisch-deutsche Kaiser waren.
Mich interessiert vor allem die First family Österreichs. Da waren große, starre, eigensinnige, blöde und gütige Herrscher, Menschen halt wie in jeder anderen Familie auch. Da und dort werden Vergangenheiten verklärt. Oben und unten, sogar bei Ihnen und bei mir.
Da fällt mir „Pferdinand" ein, wie sie Ferdinand den Gütigen von Österreich genannt haben, der nach einer verlorenen Schlacht seines Nachfolgers Franz Josef bemerkte: „Das hätt' i a noch zsambracht." Das ist mir alleweil noch viel lieber als die mächtige Maria Theresia, die zwischen sich und nicht katholische Gesprächspartner einen Wandschirm stellen ließ.

Ein gutes Gefühl habe ich, wenn ich an den Prager Matthias denke, oder an den aufklärerischen Bürgerkaiser Josef II., an Erzherzog Johann, ja auch an den aufmüpfigen Kronprinzen Rudolf. Zu Franz Josef fällt mir hingegen nur der sehr kaiserliche Karl Heinz Böhm ein, darüber hinaus ließ ich ihn mir von Erwin Ringel nicht ganz vermiesen, hatte aber stets höchstens Verständnis für sein Verhältnis mit der Kollegin Kathi Schratt.

Mein Interesse an der bayerischen Sisi ist geringer als das an ihrem imponierenden Vater. Auch meine ich, daß dem Thronfolger Franz Ferdinand noch heute manch Verleumderisches nachgesagt wird. Über ihn weiß ich manches, weil ich mit einem seiner Söhne während der Nazizeit das Schicksal der Verfolgung teilte. Die Hohenbergs haben immer meine Sympathien gehabt.

Unsere Republik hat zur Gründungszeit Anti-Habsburger-Gesetze erlassen, die Mitgliedern des Erzhauses abverlangt haben, auf Erb- und Machtansprüche zu verzichten; ansonsten wurde Einreiseverbot erlassen.

Ich bin als früher Republikaner geboren und bin ein feuriger Anhänger dieser Staatsform geblieben. Gerade deshalb lehne ich die sogenannten Habsburger Gesetze ab. Denn seit ihrem Erlaß sind bald achtzig Jahre vergangen, und inzwischen hat sich vieles relativiert, die Wahrung der allgemeinen Menschenrechte ist viel konkreter geworden. Sie sollten auch für Angehörige ehemaliger Herrscherhäuser gelten.

Es ist verständlich, daß die Republik das damals eingezogene ärarische Vermögen nicht rückerstatten kann und will. Aber wie ich die beiden Parteien kenne, ist das auch nicht der Punkt. Ich persönlich würde es auch nicht begrüßen, einen Habsburger zum Bundespräsidenten der Republik Österreich zu haben. Weil mich das mehr als ein wenig kurios anmutet. Aber vielleicht ist auch das nur eine Generationenfrage.

Kaiserkinder und -enkel sollen alle Rechte österreichischer Bürger haben, und selbstverständlich auch alle Pflichten. Also: weiterhin Verzicht auf das Tragen von Adelstiteln, keine Privilegien. Aber da trage ich sowieso Eulen nach Athen, sind doch etwa die meisten Nachkommen Kaiser Karls von Österreich stets für dieses freie und unabhängige Land eingetreten, was man den Vorfahren mancher republikanischer Würdenträger nicht immer nachsagen kann.

Ich denke darüber nach, wie Bruno Kreisky heute darüber urteilen würde. Es ist inhuman, jemanden allein wegen seines familiären Herkommens zu bestrafen, könnte er sagen. Und er würde meinen, daß da ganz andere viel schwerer auszuhalten wären, manche Eff-ler, manche hochrangige Kirchenleute, ein Pornojäger, viele Ex-68er usw.
Was soll da der Krieg gegen ein paar Blaublütler, die halten wir schon aus, vertragen wir uns doch mit ihnen. Viel besser ein paar Alt- und Jungaristos mit guten Manieren als ein paar Dutzend Rabauken mit widerlicher Rotzbubenattitüde.
Wir wissen schon, vor wem sich unsere Republik viel mehr in acht nehmen muß.

Das Ostarrichi-Komitee

Wenn unsereins seinen bürgerlichen Namenstag hat, so feiert er, aber er zählt nicht mit.
Dagegen wurde der tausendjährige Namenstag Österreichs zum Milleniumsgeburtstag umstilisiert und im Zuge des *Panem-et-circenses*-Regierens mit Pomp angekündigt. Denn alle sollen es wissen: Österreich ist mehr als die Summe von Mozart-Wolferl, Lipizzanern und Sängerknaben, hat mehr zu bieten als die Bauten des barocken und des roten Wien der Ersten Republik, mehr als die Philharmoniker und den Staudamm von Kaprun.
Jetzt wollen wir einmal jedermann zeigen, wo wir herkommen, wie wir verkamen, wiederkamen und wohin der Weg uns führen wird. Es geht also auch um Markierungen für unsere Wanderung ins nächste Jahrtausend.
Um solche Anforderungen zu erfüllen, gibt es bei uns eine nahezu klassische Vorgangsweise: Wir gründen Gremien und Kommissionen, am liebsten aber Komitees. In ein solches wurde ich berufen, ernsthaft.
Und so ist's geschehen: Unser Wiener Landeshauptmann

und Bürgermeister gründete im Wappensaal seines Rathauses das Ostarrichi-Komitee, ernannte einen Sekretär (Kurt Stimmer, kurz Kusti), kürte einen Ehrenvorsitzenden, einen Vorsitzenden, beratende Vizes und, wie es sich bei uns gehört, alle weiteren Funktionäre, die halt auch dazugehören.

Da waren aufgeboten: der Herr Bundespräsident a. D. Rudolf Kirchschläger höchstselbst, die Ministerin a. D. und Ehrenbürgerin der Stadt Wien, Gertrude Fröhlich-Sandtner, der Meeresforscher Hans Hass, der Militärkommandant Brigardier Semlitsch, und, wenn ich mich recht erinnere, auch der Alterzbischof. Militär, Industrie, Kunst, weitere Experten, alle waren sie da.

Aber einer fehlte, und das hätte mir zu denken geben sollen: der Allroundkünstler André „Franzi" Heller.

Die Stadträdtin fürs Kulturelle, Ursula Pasterk (von Freunden Ursl, auch Uschi genannt) führte Schrift und Wort. Nach dem Stadtvater, selbstverständlich; doch dieser hat sich rasch zu weiterer Arbeit in seine Amtsräume zurückgezogen. Also versammelte U. P. die rund vierzig Anwesenden zu einem Gründungsfrühstück um sich.

Wien ist anders, es läßt sich nicht lumpen.

Ich selbst bin begeisterter Frühstücker und habe in diesem Fach gar manches erlebt. Aber dieses Ostarrichi-Gründungsfrühstück war von der feinster Sorte. Tee, Kaffee (mit und ohne Coffein, selbstverständlich), Kakao, Frucht- und andere Säfte, Ei, weich, pochiert, als Speise oder als Spiegel-, mit Ham oder Bacon. Würstel pur, Pasteten, Schinken und vielerlei Käse. Ja, es hat sich ausgezahlt, um halb sieben aufgestanden zu sein.

Sei gelobt, du tausendjähriges Kind.

Das Frühstück, noch dazu in solch einem illustren Kreis: Wann tut man dies schon mit einem Militärkommandanten, einer Journalistin wie Pia Maria Plechl, vom Altbundespräsidenten ganz zu schweigen.

Kaum aber war der letzte Bissen geschluckt, das letzte

Täßchen geschlürft, begann auch schon die feurige Diskussion. Jeder wollte das Seine. Der eine ein Österreich-Museum, der andere ein Österreich-Aquarium, wieder einer Wander-Bilderausstellungen. Und so ging es weiter: Truppen- und Schützenparaden, oder: alle Kirchenglokken des Landes läuten an einem bestimmten Tag zu einer betimmten Stunde.

Ich selber schlug vor, auch im Burgtheater Ö-patriotisch zu kommen, und zwar mit Franz Theodor Csokors „3. November 1918“: Das Stück sollte im Rahmen von Burg-Gastspielen an allen Landestheatern Österreichs gezeigt werden.

Als Gegengabe sollten die Landestheater in allen Landeshauptstädten und zuletzt auch an der Burg gastieren. Fazit: Die Landestheater zeigten wenig Lust. Und die Burg konnte das Stück nicht besetzen. Wer sollte den Oberst Radosin spielen, der sich erschießt, als die Monarchie zerbricht? Einst eine Glanzrolle Ewald Balsers. Heute vielleicht der glänzende Gert Voss, oder gar Traugott Buhre? Wer den Kaczinsky, den Kurt Sowinetz so brillant gestaltet hat? Wer Hans Obonyas tschechischen Oberleutnant? Wer?

Kaum geboren, war die Idee auch schon verworfen. Schade. Aber ich weiß, es wäre teuer geworden, dieses mein Projekt. Und die Landestheater spielten offenbar lieber für „ihr“ Publikum.

Peter Weiser, der energische Ideen-Agent, machte darauf aufmerksam, daß Theodor Herzl vor präzise hundert Jahren seine Vision „Der Judenstaat“ zu Buche gebracht und damit den Grundstein zum Staate Israel gelegt habe. Weisers Hinweis wurde verstanden.

Die Babenberger, forderte ein Geschichtsexperte. Nein, die Habsburger, urgierte eine Dame, die ihren Sensationsbusen schwarzgelb betucht hatte.

Eindringlich flüsterte der so kluge Peter Weiser seinem Nachbarn zu: „Theodor Herzl, Sie verstehen?“

Bevor die Debatte überladen und der letzte Schläfer erwacht, verzog sich die Patronin aller Kinderfreunde nach Linz, allwo sie eine Sitzung in der Stadt an der VOEST hatte. In diesem Augenblick betrat der Professor für Wildbiologie der Universität Göttingen, Antal Festetics, den Raum.
Ein als Hofrat getarnter Baron gähnte. Mein Vis-à-vis, ein in Wien allgemein bekannter Büffetfrequentant, holte sich sein siebentes Butterkipferl. Ich merkte, die Sache bekommt langsam Sinn. Endlich, aus heiterem Himmel, verkündete Professor Kusti: „Ende der Tagung. Nächstes Frühstück in vierzehn Tagen." Raus aus dem Saal, denn Otto „Maximal" Baric kommt mit seinen Balesterern zum Herrn Bürgermeister.
Die Frühstücksgeschichte ging weiter, jeden zweiten Dienstag im Monat, sechs Monate lang. Der Erfolg? Das Komitee, endlich satt, löste sich auf. Gewiß wird Peter Weiser im Alleingang etwas Wichtiges erfinden, hinsichtlich des gestellten Themas. Sicherlich eine gute Lösung. Nur, was . . .? Wahrscheinlich was mit Theodor Herzl.

Wir sind Patrioten, nicht Idioten

Heute ist der 18. August: Kaisers Geburtstag. Einhundertundfünfundsechzig Jahre alt wäre Franz Josef I. heute geworden, wenn – Roda Roda hätte es vielleicht so geschrieben – „weiland Seine apostolische Majestät nicht allzufrüh dahingegangen" wäre.
Ein 165. Geburtstag ist im Menschenleben nichts Aufregendes, aber gerade heute ereignet sich Sonderbares, Lachhaftes, Bemerkenswertes. Denn just eben hat der F-Führer sich (wie vorher schon einiger anderer Überzeugungen) seines Germanentums entledigt, er legte gerade ein überraschendes Bekenntnis zum österreichischen Patriotismus ab.

Wer es nicht glaubt, wird nicht selig. Um aber das zu glauben, muß man schon ein bisserl vergeßlich oder gar dumm sein. Ein Farben- und Gesinnungsverkehrer, das ist er schon, dieser kleine Gernegroß. Nur mehr fünf Prozent der Österreicher denken großdeutsch, deutsch-national, träumen also von einem neuen Anschluß: alte Deppen, überstandige Herren und farbentragende „schlagende" Burschen. Das weiß auch der – wie Heide Schmidt trefflich sagt – infame Unredliche.
Man kann mir nicht einreden, daß ein Mensch – egal ob Frau oder Mann – von einem Tag zum andern seine Meinung so radikal auswechselt, wenn dem nicht so wäre. Noch dazu so oft.
Ein Deutsch-Nationaler, der die österreichische Nation als Mißgeburt bezeichnet, wird nie ein rot-weiß-roter Patriot.

Hitler, ein Beispiel: Er war nie österreichischer Patriot, er haßte unser Land, ignorierte unsere Nation, aber er gab vor zu lieben, was er Heimat nannte und de facto haßte.

Doch auch nicht Heimatliebe nehme ich dem Pfeifchenraucher ab, ihm nicht, und seiner Buberlpartie schon gar nicht.
Nein, ich kann einem nicht glauben, der unser Land ständig in Unruhe versetzt, der aus unserer Zweiten Republik seine Dritte machen will, der unser kleines Österreich in Minifreistaaten verwandeln will: nein. So handelt einer nicht aus Liebe, so handelt einer, der nach Macht giert, einer, der den Traum seiner Eltern vollenden will.
Er weiß all dies kraft seines Intellekts, aber in gleichem Maße benützt er dieses Volk, glaubt, er könne uns den Bären seines Tals aufbinden, jenes arisierten Bärentales, dessen Erbe und Nutznießer Jörg Haider ist.
Unser Neopatriot also will nun einen Vertrag mit Österreich schließen. Hier als Partner aufzutreten hieße den

gleichen Fehler zu machen, den einst Daladier oder Chamberlain gemacht haben. F-Führer denken nicht daran, Verträge zu halten. Schließen ja, aber halten: net dran zu denken.

Ich will den Massenmörder Hitler keinesfalls mit Herrn Haider, einem begabten und redegewandten Politiker, vergleichen. Und schon gar nicht umgekehrt. Aber gemeinsam haben sie leider eines: die mangelnde Handschlagqualität. Wem hat dieser Eitelhold nicht schon ewige Treue geschworen? Friedrich Peter? Mario Ferrari-Brunnenfeld? Norbert Gugerbauer und Walter Grabher-Meyer? Heide Schmidt?

Verachtet, gekillt, verunglimpft wurden sie von ihm alle.

Wieder selbstverständlich kein Vergleich, nur freie Gedankenspielerei: Adolf Hitler und Ernst Röhm, Gregor Strasser, Hermann Göring, Weggefährten als Abschußkandidaten.

Wer *ihm* nicht paßt, erhält einen Titel. Etwa unsereins jenen des „Staatskünstlers", den *er* neu geprägt hat. Ein Titel für alle jene, die ihm nicht passen. Doch, wer paßte ihm schon? Der Kollege Klaus Löwitsch, der hätte ihm sehr gepaßt. Der wollte aber nicht.

Was links ist, das gehört in die Lade Terrorismus. Was schwarz ist, gehört zur Spezies der verkappten Nazis, zumindest aber zu den Steigbügelhaltern der Roten. Dazu zählen meine Burg-Kollegen Michael Janisch, Franz Morak und Lotte Tobisch. Und viele andere.

Und natürlich der schillernde Erzfeind André (Franzi) Heller, die Elfriede Jelinek, der Peter Turrini und seit jüngstem auch H. C. Artmann. Aber bei dem hat er sich ja entschuldigt.

Diese angeblichen Protégés des Kunstministers waren aber allesamt längst schon arriviert, als Rudolf Scholten noch in irgendeinem Bankinstitut saß.

Von mir soll keiner sagen, daß ich manche vom Magazin „News" hinaufgejubelten Künstler besonders liebe: Was die

Elfriede Jelinek schreibt, gefällt mir nicht, ist mir zuwider. Ich will weder im Theater noch auf einer „Raststätte" sehen, wie Kirsten Dene ihre Notdurft verrichtet, und auch nicht, wie Traugott Buhre auf den Tisch wischerlt. Das ist mir mehr als unangenehm, es widert mich an.
Den H. C. lese ich gern, wenn auch „med ana schwoazzn dintn" schon recht lang her ist. Auf den Heller Franzi ist der An-Führer wahrscheinlich stinksauer, weil sich auch dieser sehr gut in Szene setzen kann. Und finanziell fast so g'stopft ist wie er. Und daher nicht käuflich.
Ich weiß, daß Jörg Haider die Ursula Pasterk ablehnt, so wie den Scholten. Und auch den Peymann.
Ich hab' einmal behauptet, der Haider und der Peymann seien einander sehr ähnlich: was nämlich die Eitelkeit betrifft, die Extrovertiertheit, was die Großgoschertheit betrifft, und die Feigheit.
Wie hat der Peymann geschwiegen, als ihm die Heide Schmidt die Leviten las und die Biedermanns-Maske vom Gesicht riß: Aber Haß-Plakatieren ist eklig, da graust's mir. Leute, so einen tolerieren heißt: sich ins eigene Fleisch schneiden.
Wir Österreicher haben gelernt, der „Großdeutschtümelei" vorsichtig gegenüberzutreten. Und trotzdem haben wir das Risiko immer wieder unterschätzt. Das soll nun nie wieder passieren. Da dreht und wendet sich einer wie ein Ventilator. Ventilatoren machen Luftströme, machen Wind, nicht mehr. Herr Haider ist nicht mehr als ein Ventilator. Und so einer hat bekanntlich einen Schalter. Stellt ihn ab.

Politik und Kinderstube

Mir ist seit Tagen nicht wohl in meiner Haut. Ich bin in Salzburg, Festspiel-Probenzeit, Mitte Juni 1995.
Ich lasse den Schnürlregen an mir herunterrinnen, wei-

che ihm nicht aus. Vielleicht wäscht er mein Gemüt rein vom Staub der Verwirrung und der Empörung.
Nach der „Jedermann" -Probe gönne ich mir einen langen Fernsehabend.

- Thomas Muster gewinnt in Paris souverän.
- Österreichs Fußballer landen – ohne Andreas Herzog – ein Drei zu Eins gegen Irland.
- Und Gerhard Berger scheidet beim heutigen Grand Prix der Formel I aus.

Aber: Silvio Berlusconi bleibt im Rennen. Die Italiener, fernsehverliebt, wie sie sind, lassen sich „die Privaten" durch nichts vermiesen. Der als Politiker gescheiterte Medienpapst wird seine Meinungsniethämmer behalten.
Bitt' herzlich um Entschuldigung, das Wort „Medienpapst" ist in diesem Zusammenhang lächerlich: Nicht der Herr Fernsehmilliardär ist Medienpapst; der *eigentliche* weilt – wenn er nicht reist – im Vatikan, oder im sommerlichen Castel Gandolfo, das kein Castell, sondern eine Stadt ist.
Also, zurück zu meinem Fernsehabend, zu den beiden österreichischen Programmen, die mir – im Wissen um die anderen möglichen – völlig reichen. Eben hat Moderator Peter Rabl eine bunte Runde um sich versammelt, man denkt: das sind angenehme Leut', da geht's g'scheit her, das wird eine intelligente Pro-und-Kontra-EU-Diskussion. Aber Schmarren: nur Geschrei, Aggression, Beleidigung, Gezänk. „Lüge", „Demagogie", „Täuschung", „Sie sind uninformiert", „wissen eh nix".
Eklig! Erwachsene Leute, mit Einfluß auf das Demokratieselbstverständnis von uns allen, sämtliche mit Anspruch auf Vorbildfunktion, benehmen sich wie wildgewordene Gassenbuben.
„Erziehung haben kann man nur, wenn man sie von zu Hause mitbekommen hat", sagt der vornehme Industrielle Georg Mautner-Markhof. Eben.
Wen wundert's, daß heute keiner mehr an die uns von

solchen „Volksvertretern“ vorgelebte Diskussionskultur glauben kann – geschweige denn, sie erst erlernen und nachleben will.
Da überzeugt keiner den anderen, er überschreit ihn: Brüllaffen alle, bezahlt aus Ihrem und meinem Steuergeld. Oder blechen wir nur dafür, daß gutgekleidete Fetzenkinder einander öffentlich demaskieren? Daß sie uns zeigen, wie wurscht wir Wähler ihnen sind?
Abgenutzt auch: Täfelchen-Demonstrationen; ein nicht zu akzeptierender Schmock: das höhnische Grinsen; nur mehr zum Weghören: stillose verbale Ausfälle. Na, ist nichts Neues, wir wissen's ja, daß viel Geld haben noch lange nichts mit Manieren, geschweige denn mit Würde zu tun hat.
Ich habe mich, obwohl mit Österreichs Fernsehprogrammen allein im Zimmer, für all das tief geschämt. Und habe mir vorgestellt, daß wir uns so der Welt als Kulturträger mit Sendungsbewußtsein darstellen.
Peinlich. In einem Profitheater dürften solche Mieslinge nicht auftreten. Die mögen am Beisltisch besser zu Hause sein, von wo sie der Wirt, wenn sie sich unziemlich benehmen, auf die Straße setzen kann.
Lieber Peter Rabl, liebe Moderatoren, also Beruhiger, allesamt und überhaupt – eine große Bitte an Sie: Machen Sie mit Schandkerlen keine Sendung mehr! Stehen Sie einfach auf, gehen Sie weg! Der eine oder andere Einsichtige wird Ihnen folgen. Überlassen Sie es den Sitzengebliebenen, handgreiflich zu werden, einander zu verabreichen, was ihnen gebührt, nämlich ein paar kräftige Watschen.

PS vom 22. August zu obigem. Ich lese zufällig ein paar Absätze zurück und stelle fest: ich weiß heute einfach nicht mehr, wer damals in der Runde saß, den Täfelchen-Präsentator ausgenommen. Dabei haben sich die anderen kaum einen Deut besser benommen. Doch *der* bleibt einem am längsten in Erinnerung. Warum? Ist es die selbstherrliche Art seines Auftretens, die man nicht vergessen kann? Sind es seine fragwürdigen Manieren, ist es die von ihm zur Schau gestellte schlechte Erziehung? Möglich, alles möglich.

Wir sind ja Demokraten, akzeptieren ihn trotz allem als Opposition. Aber an der Macht, in der ersten Reihe? Nein. Demagoge, gut. Schlecht erzogener Demagoge, nein! Rechtspopulist, na jein; Meinungswechsler, na ja; aber stets nur mit Benehmen!

Machiavelli war ein höchst wohlerzogener Mann, eben auch *il principe;* Fouché hat sich gedreht wie ein Windrad, aber er war ein Herr mit Manieren; von Talleyrand – den Napoleon „einen vollgeschissenen Seidenstrumpf" genannt hat – weiß man das ebenso.

Bitte, mich nicht falsch zu verstehen, keiner der Diskussionsteilnehmer soll hier mit den „Großen der Geschichte" verglichen werden, dazu ist ihr Zwergenmaß zu evident. Aber ich wünschte den Sich-selbst-Aufspielern, den Wichtigtuern, ein wenig vom Geist der Genannten, von deren Geschliffenheit, von deren Manieren.

Man konnte Fouché wegen seiner Inhalte bekämpfen, ihn vernichten; nicht aber wegen seiner Kinderstube. Er wußte, daß man am einsamen Gipfel eines Berges nach Belieben rülpsen und furzen kann; im politischen Leben sind solche Entäußerungen tunlichst zu unterlassen. Ein Ratschlag zur Güte: Ein Teil unserer sehr hohen Volksvertretergehälter sollte abgezweigt und endlich in einen Benimm-und-Manieren-Kurs investiert werden.

Viele Monate danach sitzen sie wieder bei Rabl, in abgewandelter Besetzung: diesmal der neugestylte Jörg Haider: der Altjugendliche im nahezu perfekten Preußenhaarschnit. Während des Wiener Stadtmarathons hat der Oberblaue gute 42 Kilometer zurückgelegt und ist dennoch an diesem Abend erstaunlich fit. Allerhand. Er scheint auch ein wenig zu dunkel geschminkt zu sein. Die

Frage liegt mir auf der Zunge: „Ist das nur die ORF-Maske, oder sind Sie wirklich so braun?“ Sein Begleiter, der braune Eder, wirkte dagegen ein wenig blaß.

Wie reparaturbedürftig ist die SPÖ?

Jetzt, wo es um uns herum eng wird, jetzt sollen wir noch einmal dem Rad Partei in die Speichen greifen. Da sie uns die „Arbeiter-Zeitung“ genommen haben, müssen wir nun selbst, jeder einzelne, die Stimme der Organisation sein, und ihr Gewissen.

Wir verlangen nicht mehr, als gehört zu werden, verlangen nur: Lügt uns nicht an, gebt uns kein Versprechen, das ihr nicht halten könnt. Wir wissen, daß ihr sozial und demokratisch seid, sozialdemokratisch sind wir selber. Denkt an die Geschichte eurer Väter, kommt wieder herunter auf den Boden, zu uns, den alten Genossen.

Schon tauchen junge Gefährten auf, die in den neuen Ton den guten alten einbringen; Wiens Bürgermeister Michael Häupl ist einer von ihnen, Brigitte Ederer eine weitere, der Prock aus Tirol gehört wohl auch dazu. Es fängt an, wieder heimelig zu werden bei den Sozialdemokraten.

Wir helfen euch, die nächste Schlacht zu schlagen, sie zu gewinnen: Wir wollen keine Dritte Republik, wir wollen, daß unsere Partei wieder die Partei der Anständigen und des Anstands werde.

Der bunte Vogel

Ich bin Sozialdemokrat der alten Schule. Gerade deshalb hat mich die Vertreibung des schwarzen Vizekanzlers Dr. Erhard Busek aus dem Parlament durch seine eigenen Parteifreunde so sehr bewegt.

Zum besseren Verständnis: Ich bin weder der ÖVP nahe noch bin ich mit Dr. Busek befreundet. Ich kenne ihn, wie ich viele Leute kenne. Aber im Unterschied zu vielen imponiert er mir besonders: durch seine Intelligenz, durch seine Art zu agieren, durch seinen glaubwürdigen Patriotismus.
Ich habe seine Arbeit mit großer Sympathie verfolgt. Da war ein blitzender Geist am Werk, einer, der wußte, wovon er redete, kein Äh-äh-Stotterer, sondern ein glänzender Formulierer, ein klarer Denker.
„Gebt mir kümmerliche Soldaten, die bieten dem Feind ein kleineres Ziel", sagt Shakespeares Sir John Falstaff. Ist das nun auch der Wahlspruch der ÖVP? Mußte der zu kluge Erhard Busek deshalb das Feld räumen?
Aber – so hört man: „Der Busek kommt halt bei den Leuten nicht an!" Gegenfrage: Sind bei diesen Leuten Karl Jaspers, Martin Heidegger und Thomas Mann angekommen? Friedrich Dürrenmatt, Max Frisch und Heinrich Böll? Oder gar unsere Österreicher Herbert Eisenreich, Reinhard Federmann und György Sebestyen? Sicherlich nicht. Oder nur selten.
Aber, was heißt das auch schon: ankommen?
Ja, es gibt sie mitunter, außerordentliche Leute, die *auch* „ankommen": Diese seltenen Ausnahmen heißen beispielsweise Viktor Frankl, Bruno Kreisky und Franz Kardinal König. Menschliche Elementarereignisse.
Bundespräsident Franz Jonas, Prototyp des Anstands, ist nie so recht angekommen. Bruno Marek, Wiener Bürgermeister, ein gepflegter Herr mit Fiakercharme und Vorzeige-Wienertum, jedoch sehr.
Altbürgermeister und Medienjongleur Dr. Helmut Zilk wurde bewundert, von anderen wieder vehement abgelehnt. Nicht alle Leute wollten mit den Aktionen des Propagandagenies zu tun haben und gingen auf Distanz, kolportierten gerne seine Privateskapaden, erkannten aber seine durchaus herzeigbaren, respektablen Leistungen

an. Die Stadt wurde unter diesem Bürgermeister das, was viele als „moderner“ bezeichnen.
Anderen Cliquen dieser Stadt imponierte der „rote Zilk“ wieder, weil er sich – viele Jahre nach seiner standesamtlichen Hochzeit – vom Wiener Kardinal Hans Hermann Groër kirchlich trauen ließ. Und weil er – nach dem schrecklichen Briefbombenattentat, das die Finger seiner linken Hand zerriß, beschwörend ein Kreuz in die Fernsehkamera hielt. Wieder anderen, vor allem der klein gewordenen jüdischen Gemeinde, imponierte Zilk, weil er in Wien endlich ein Jüdisches Museum durchsetzte und einrichten ließ. Und weil er – vom international bekannten Bildhauer Alfred Hrdlicka – das Antifaschismusdenkmal (vielleicht auf dem falschen Platz) errichten ließ.
Zilk bewegte viel, hinterließ unübersehbare Spuren, und er konnte alles, was er tat, richtig vermarkten. Er kam an, war zwar nicht der Rattenfänger von Hameln, aber durchaus der Rattenfänger von Wien. Zilk weiß stets und trotz allem, wie der Hase der Verlockung zu laufen hat.
Fortfahrend, lande ich jetzt keineswegs beim „Straflagerexperten“ Jörg Haider, auch wenn das der eine oder andere vermutet hat. Den hebe ich mir für anderes auf, wende mich vorher präzise der anderen Seite zu, und bin schon wieder bei Busek, den sie *grüner Schwarzer, bunter Vogel, König der Unverläßlichkeit* oder einfach und phantasielos auch nur *Zyniker* nannten.
Ich habe mehrfach meine Sympathien für Busek bekundet, wenn ich auch scharf kritisiere, warum Busek, der Vizekanzler der Koalition, gegen Vranitzky so vehement auf Konfrontationskurs ging.
Aber: Busek, zu jener Zeit Wiener Stadtpolitiker, Vizebürgermeister, holte den Schriftsteller, Radio- und Fernsehsowie „Watschenmann“- und „Liebe Familie“-Miterfinder Jörg Mauthe in den Gemeinderat. Mauthe, ein freier Geist, voll von Ideen, ein seltener, seltsamer Mensch: Akademiker und Intellektueller, Selberdenker, Freimaurer, Protestant.

Mauthe gebar Ideen, Programme, schrieb Bücher, Hörfunk- und Fernsehsendungen, die alle heute Kultcharakter haben; er war der Paradegrüne der Schwarzen, protestierte in der Hainburger Au neben Günther Nenning. Jörg Mauthe stritt um seine Ideen mit Gott und der Welt.
Er starb an Lungenkrebs, das Fernsehpublikum war streckenweise dabei, gleichsam Augenzeuge. In seinem Testament wies er an, daß der Wiener Bürgermeister und seine Kulturstadträtin (Pasterk) bei der Trauerfeier in der Dorotheerkirche zumindest offiziell zu schweigen hatten. Ja, der Jörg war konsequent, oft zu sehr.
Und so einen Mann hievte Erhard Busek in den Wiener Gemeinderat, in die Wiener Stadtregierung. Und damit eine lästige Laus nicht nur in den Pelz der ÖVP, sondern auch in den der absoluten und selbstherrlich gewordenen Sozialistenmehrheit im verfilzten Wiener Rathaus. Das haben die Sozialisten dem Doktor Busek ebensowenig vergessen wie die schwarzen Rathausmänner.
Aber Busek und Mauthe, und niemand anderer, waren es, die die Grätzelfeste in Wien etablierten, die das „Bermuda-Dreieck" im Judenviertel der Innenstadt von Wien und dessen neue Beisl-Kultur erfanden. Natürlich sind dann andere, als sich die durchschlagenden Erfolge abzeichneten, als Trittbrettfahrer aufgesprungen, haben die Zinsen abkassiert.
Erhard Busek ist ein wohlerzogener Herr, er antwortet auf Briefe, auch auf die von jenen, die er in einem anderen Lager zu Hause weiß. Ich selbst habe dafür viele Beweise. In meinem Kampf gegen die Entösterreicherung des Burgtheaters bat ich auch ihn, dieser Clique in die Parade zu fahren, und Busek bot mir zwar Hilfe an, doch sein Einfluß war zu gering, um da erfolgreich zu sein. Ich habe das immer verstanden und zur Kenntnis genommen. Gegen den Wind läßt sich schlecht Klavier spielen.
Eine mir wichtige Erinnerung: Eine Wiener Klosterschule

erarbeitete eine imponierende Ausstellung zur Geschichte der Juden Wiens.
Mir, Friede, salam, paix, peace, shalom war da an die Wände gepinselt. Schüler und Gäste hielten – rund um einen aus Kerzen gebildeten sechszackigen Davidstern – vierundzwanzig Stunden lang Mahnwache. Da wurde gemeinsam gebetet, geschwiegen, meditiert, vorgetragen und musiziert. Paul Gulda spielte Klavier, ich berichtete aus meinen Erinnerungen in der dunklen Zeit.
Bundeskanzler Vranitzky kam vorbei, auch Vizekanzler Busek sprach zu uns. Als Katholik, als Mensch, als Österreicher. Eine ergreifende, unprätentiöse Ansprache, schlicht, sehr ehrlich, kein Haß, aber tiefe Abneigung dem Naziungeist und dem Antisemitismus gegenüber. Da sprach einer, der glaubte, was er sagte. An diesem Abend hab' ich ihn ins Herz geschlossen, aber ich hab's ihm bis heute noch nicht gesagt.
Busek holte meinen Freund Franz Morak als Kultursprecher in die ÖVP. Ob er ihm damit Gutes getan hat, weiß ich nicht. Aber sicherlich war diese Entscheidung gut für Österreich. Ich bange um den Franz, weil er als Mann Buseks nun stigmatisiert ist.
So wie die Männer Kreiskys stigmatisiert waren. Wo sind sie geblieben? Außer Heinz Fischer, bei dem es hoffentlich noch lange niemand wagt, diesen besonnenen, fast zu gescheiten Mann mutwillig abzuschießen. Wenn es einmal so weit kommen sollte, dann sind wir wirklich das Land der Deix-Figuren, der Toni-Spira-Tschecheranten, der fremdenhassenden Witzlawiks und Bielolaweks. Doch das gilt es gemeinsam zu verhindern.

Vom Natur-Jörgele und anderen Geistern

Auf dem Kalender steht der 9. August 1995.
Heute habe ich gut geschlafen. Nicht, daß mich die Ope-

rationsnarben an meiner Hüfte in Ruhe gelassen hätten. O nein, das nicht. Aber ich habe dennoch so selig geträumt, mich so geborgen und so umsorgt gefühlt. Seit ich mit Walter Davyscher Meisterschaft – mein Freund humpelt klassisch durchs Leben und spielte sich durch unzählige „Kottan“-Folgen – durch die Gassen hüpfe, bin ich so gelöst und zufrieden wie schon lange nicht. Wieso? Warten Sie, ich erzähl' das schon, aber drängen lass' ich mich nicht!

Also, gestern abend – schon wieder so eine kurzlebige Alltags-Reflexion – eine der informativen Brandstätter-Sendungen im österreichischen Fernsehen. Da wurden sie uns präsentiert, die Chefs unserer Oppositionsparteien, so wie die ÖsterreicherInnen ihre LeithammelInnen gerne sehen. Erdverbunden mit dem duftenden Mutterboden, in Wies', Wald, am Bachesrand und auch am Fels, der so hart ist wie der Wille zur Macht.

Da lächelt süffisant wie immer der neubezahnte Jörgele bergfexisch, zeigt das entblößte, so hübsch behaarte und gebräunte Oberkörperl und demonstriert seine Verbundenheit mit dem Sankt Pöltner Chefhirten schon durch das Kreuz an der Goldkette. Siehe da, ein Kreuz. Von Haken ist selbstverständlich weit und breit keine Rede. Warum auch . . .?

Kluges entfleucht seinen Lippen, er steigt weiter, weiter, der blaue Pfad verschmilzt mit dem Wiesengrün des geliebten Berglands: urig bärentalerisch. Ei, seht doch, ihr Leute in der Waldheimat, welch ein Naturbursch euch da besucht. Ja, Kanzler will ich werden, 98.

Eh klar, und wie ich unsere Windräder kenne, werden sie ihm hilfreich zur Seite stehen, um selber oben am Podest bleiben zu dürfen. Wer sollte es auch verhindern? Weit und breit nur ein paar, die dazu fähig sein könnten. Kreiskys Enkel nennen sie sich, und vielleicht auch Caspar Einem, dem wär‘s zuzutrauen . . .

Schnitt!

Da ist sie ja, jung, forsch, gestrickt bekleidet (selber gemacht, sollen die Leute denken): Mutter Madeleine Petrovic mit Kinderlein. Da wirbelt's nur so rundherum. Auch auf dem Wieserl sitzend, erklärt sie den durch die Naturschönheiten abgelenkten Zuschauern ihre Vorstellungen und Ziele. Auch hier der österreichische Naturmensch des Bergvolkes, halt diesmal vom flachen Boden stammend.
Nein, ein Interview in Pamhagen oder am Neusiedler See, das entspricht nicht den Vorstellungen unserer Wähler. Alpenvorland, ein bisserl Höhenrausch, das ist gefragt. Jeder Mandatar ein Forcher Sepp, ohne Musi halt, aber dafür nicht so natürlich.
Da hält es die Heide Schmidt schon zivilisierter: ganz Grande dame. Man sieht es ihr an, wie zuwider ihr das lockere Picknick im Freien ist. Kempten, ihre Geburtsstadt, liegt weit hinter ihr. Und ein Segeltörn scheint ihr gemäßer als die Propaganda-Kraxlerei. Sie mußte demnach auf die obligate Perlenkette verzichten, aber sie ist auch mit Modeschmuck damenhaft genug.
Ach, Herr Brandstätter, Sie rasender Reporter, wohin jagen Sie denn unsere eh schon so geplagten Abgeordneten noch? Nur in die Berge, oder auch in die Peinlichkeit? Da muß der Vizekanzler auf den Gipfel rauf, und der Bundeskanzler noch höher. Denn: Wahlen werfen ihre Schatten voraus, Schlagschatten, auch deutlich sichtbare Schatten der Vergangenheit.
Was, lieber Herr Brandstätter, ist das für eine Beschäftigungspolitik? Aber alle, alle machen sie mit.
Sehen Sie, und hier komme ich an den Anfang zurück: Deshalb hab' ich so gut geschlafen, weiß ich nun doch, daß sie Tag für Tag an nichts anderes denken können, dürfen, mögen, wollen, als an mich, diese Auser-Wählten.
Wo, Frau Österreicherin, Herr Österreicher, wo willst du uns denn haben? No?
Beim Heurigen wie den Figl-Poldl, bei der Parade wie den

Prader-Schorsch, beim Schnapsen wie den Benya-Toni, oder gar beim Kreuzworträtsel-Lösen wie weiland der Sonnenkönig? Oder doch „auf die Berg“ ?
Wir machen alles mit, damit wir aufs Stockerl kommen/am Stockerl bleiben/nicht vom Stockerl fallen. Wir streifen auch ein bisserl Ideale ab, verraten ein kleines bisserl jede Ideologie. Warum auch nicht? Der angepampfte Wähler merkt's eh nicht, ist multimedial und auch sonst viel zu sehr abgelenkt.
Verwirrungstaktik?
Der Herr Bundespräsident meint im Hinblick auf Tudjman öffentlich anderes als der Herr Bundeskanzler. Ablenkungsmanöver. Verwirrungstaktik?
Den Polenpräsidenten Lech Walesa als Dickwanst zu bezeichnen: abermals ein Ablenkungsmanöver? Von Horrordefiziten, neuen Steuern, neuen Wünschen der Frauenministerin, des Wissenschaftsministers, aller Minister?
Zurück zu unseren politischen Gipfelstürmern und zu meinen persönlichen Wünschen.
Ich mag keine Berg-, Fels- und Baumkraxler in der Politik, ich möchte eine Regierung, die das Handwerk des Regierens beherrscht. Die menschliche Strukturen legt und unsere innere und äußere Sicherheit in allen Belangen garantiert. Nur deshalb haben wir sie gewählt.
Die Legislaturperiode der österreichischen Bundesregierung währt vier Jahre. Das ist zu kurz. Denn bis eine neue Regierung nach einer Wahl „steht“, bis die Zusammenarbeitspakete geschnürt sind, ist meist schon ein halbes Jahr vergangen. Bis dann die Arbeit eingeteilt, besprochen und endlich aufgenommen wird, vergehen abermals viele Monate.
Kaum aber beginnt's richtig zu laufen, wird der politische Blick auf die nächsten Wahlen geworfen. Rechnen wir's ehrlich, so dauert eine Arbeitsperiode unserer Regierung, unseres Parlaments, nicht viel länger als zwei Jahre. Das ist mit Sicherheit eine zu kurze Frist, um umfangreiche

Probleme ohne Wahlkampfgezänk zu erledigen. Deshalb meine ich, wäre eine sechsjährige Legislaturperiode nicht nur effizienter, sondern auch weniger kostenintensiv. Zugleich könnte man beschließen, die Amtszeit des Bundespräsidenten, der ja die Kontinuität symbolisiert, mit einmaligen acht Jahren festzulegen.

Wie man Sieger zu Verlierern macht

Mein Gott, gehen mir die Medienquatscher, Lohnschreiber und Zeitungsgescheiterten auf die Nieren. Da erringt – gegen 3,5 Prozent Verlust – ein Landeshauptmann (Karl Stix) 44,5 Prozent aller Stimmen; sein Stellvertreter – ein Schwarzer – 35 Prozent, und Haiders Blaue 15 Prozent.
Und wer wird als Sieger gefeiert? Das Fähnlein der letztgereihten Blauen. Und nicht Stix mit seinen Roten, trotz seines Resultats, mit dem sich alle anderen europäischen Parteien brüsten würden: Stix wurde absurderweise als großer Verlierer abgefeiert.
Tschechiens Mehrheitsmann Vaclav Klaus verfügt über 29 Prozent, und selbst der italienische Ministerpräsident liegt weit hinter dem stixschen Styx.
Auch in Österreich wären – bundesweit gesehen – 45 Prozent ein sensationelles Ergebnis. Davon könnten sie alle nur träumen: Vranitzky, Schüssel und der blaue Austropopper.
Tut nichts, der rote Stix hat schlapp gemacht. Sehr erfreulich ist, daß 85 Prozent der klugen Burgenländler Jörg Haider nicht gewählt haben. Zudem hat Jellasitz, Symbol der ÖVP des Burgenlands, den blauen Bärenfellrittern klar nein gesagt. Er war also zumindest in diesem Punkt vorsichtiger als Vizekanzler Schüssel, der nun die kluge Ursula Stenzel nach Straßburg sendet und ihr zur Begleitung und uns allen zur Freud einen echten Kaiserling mitgibt. TV und Nostalgie, das kommt an in einem Land

der rot wählenden Hocharistokraten und ihrer monarchistisch-nostalgischen Sozis. Allwelche die „Internationale“ viel schöner singen als sämtliche Genossen.

Lernprozesse

Nun feiern die Blauen mit ihrem alten Jungstar den Vierzigsten. Und wie es bei denen so Brauch ist, laden sie zu solch einem Anlaß nicht einmal jene ein, die sich als ihre Vorgänger zu verstehen hätten. Weder einerseits Herrn Otto Scrinzi noch anderseits Herrn Friedrich Peter, den vom Saulus glaubwürdig zum Paulus Gewordenen.

Ja, der Altrechte Otto Scrinzi, der einmal in einer Fernsehdiskussion höchst erstaunt war, als er erfuhr, daß ich während des Zweiten Weltkriegs Soldat gewesen war: „Ach so, Sie waren Soldat?“ meinte er und sah mich ungläubig an. Ich ahnte, was er vermutet hatte, sprach's aber nicht aus. Oder hätte ich sagen sollen: Ich bin ein Leider-nein-Jude.

Die Entwicklung der Freiheitlichen zur F, ein Weg, der meinen Freund Friedrich Peter tief bewegen muß. Doch Fritz soll froh sein, daß die von ihm so wenig wissen wollen wie er von ihnen. Er paßt nicht hinein in diesen Haufen von Quereinsteigern und Hobby-Politikern. Er, der seinen eigenen Weg zum überzeugten Demokraten nicht billig erworben, sondern hart erkämpft und dafür auch bezahlt hat, verstand ungleich mehr von Politik als alle rechten Springer miteinander.

Wenn ich hier Andreas Mölzer, den oft hart angegriffenen, ausnehme, so deshalb, weil das einer ist, der stets meint, was er sagt: was's wiegt, das hat's. Eine sympathische Einstellung. Wenn sein Bekenntnis nicht nach meinem Gusto ist, so gibt's dazu nur zu sagen: Man kennt sich bei ihm wenigstens aus, weiß, was er will und woran man ist.

Ich achte alle, die mit offenem Visier für ihre Einstellung kämpfen, die nicht einmal hier und einmal dort mitgrölen, dabei aber ihre Grundeinstellung verdeckt halten. Schämen sie sich dieser Einstellung etwa, oder ist bei ihnen alles Kalkül, etwa Machtkalkül?
Ich kenne Friedrich Peter seit sehr langer Zeit und weiß daher, was ich rede, auch im Hinblick auf meine allgemein bekannte politische Position. Was er meiner Meinung nach verdient, ist mehr als Respekt.
Peter hat mir in langen Gesprächen erzählt, wie seine tiefe Wandlung stattgefunden hat. Er stammt aus einer „roten" Eisenbahnerfamilie und hatte deren soziale und politische Nöte seit früher Kindheit mitbekommen. Ein Ausgangspunkt, den wir von vielen kennen.
Mir ist, bei allem Nichtvergessen, in erster Linie aber wichtig, wie einer sich nach dem Jahre 1945 benommen hat, ob er lernfähig war und ob er gelernt hat.
Viele haben nicht lernen wollen, aber so getan, als hätten sie's. Und manche haben gelernt. Fritz Peter hat diesen Weg des Lernens meiner Meinung nach vorbildlich geschafft, und das soll einmal gesagt sein.

Eine Anmerkung nicht nur am Rande: Daß man die große, alte Paula Wessely, die nie Mitglied der NSDAP gewesen ist, noch heute mit „ihrer Vergangenheit" belästigt, finde ich abstoßend: Sie hat nie jemandem weh getan, geschweige denn angezeigt, sie hat erwiesenermaßen vielen entscheidend geholfen.
Es mag schon sein, daß sie durch ihr Spiel, ihre Filme, ihr Da-Sein, dem „Dritten Reich" und seinen „Führern" genützt haben mag: Aber welcher Schauspieler hat das damals nicht getan? Dieser Beruf erfordert, daß man hier und jetzt arbeitet, Erfolg hat, und nicht posthum.
Sie mußte arbeiten, mußte Erfolg haben, mußte spielen. Und tat es, wie unzählige andere, von denen manche auch heute noch unbekleckert den deutschsprachigen Theater-

himmel bestirnen. Vielleicht ist einer der Gründe dieser späten persönlichen Angriffe der, daß Paula Wessely halt eine sehr typische Österreicherin ist und man damit von Lumpereien nichtösterreichischer Kollegen, die als Halbgötter abgefeiert werden, ablenken will.
Der alte Muliar fordert dazu auf: Laßt mir die Wessely in Ruh'! Ansonsten könnte sich mein Erinnerungsvermögen über manche alte Heulboje am deutschsprachigen Theaterhimmel rasch aktivieren. Und das läge vielleicht nicht im Interesse jener, die da so vordergründig zu manipulieren versuchen.

Noch ein Satz zu Haiders F: 40-Jahr-Feier. Der Herr Bundespräsident war geladen, kam und mahnte. Thomas Klestil löst auch hier sein Versprechen ein, ein mahnender Präsident sein zu wollen. Ganz wohl ist ihm in dieser im Palais Ferstel versammelten Festgemeinde nicht. Aber er sagt es nicht, ist dafür viel zu gut erzogen, und er ist einfach nicht der Mann, der auch noch auf den Boden einer braunen Kaffeetasse blicken muß. Und so sah ich's im Fernsehen: Klestil, ein Fremder im Lager der Andersdenkenden.
Franz Vranitzky, unser Kanzler, sieht's anders, meinte, einen zu freundlichen Präsidenten erblickt zu haben. Mag sein, daß er recht hat, wie schon oft, aber mehr als jedes Wort sagt der Körper. Und die Körpersprache des Herrn Bundespräsidenten beim festlichen F-Empfang war mehr als deutlich, war eindeutig.

Jetzt weiß ich endlich, wo Meister Manfred Deix seine Modelle findet: Viele sitzen beim Aschermittwochtreffen der Haider-Partie in Ried im Innkreis. Da hocken sie hinter ihren Bierkrügen, satt, schwitzend, lauschen ihrem Idol, der in dieser Umgebung – Mimikri ist seine große Force – ihre Gesichter annimmt. Hieronymus Bosch ist anwesend, und Georges Grosz.

Da ist alles drinnen, was den Sehenden Angst macht: überhebliche Dummheit, freche Provokation, pseudobauernschlaue Brutalität. Rundschädeln, denen man vorgestern eingeredet hat, daß sie eine Superrasse sind, und sie glauben es bis heute.
Aus überlangem Zahnfleisch wachsen weit auseinanderstehende Zähne hervor. Die Augenschlitze sind über den mächtigen Tränensäcken kaum zu sehen.
Dort spricht er, und ich frage mich, ob er (der ja kein selbstberauschter Theatraliker ist wie manche von jenen einst, sondern ein kalt kalkulierender Machtpolitiker) nicht oft von Angstschauern heimgesucht wird. Denn den braungebrannten Blauen würden sie – hetzt sie jemand anderer auf, womit immer zu rechnen ist – ebenso gnadenlos liquidieren, wie sie es bisher mit allen ihren Feinden gemacht haben, die Himbeerpflücker, die brandstiftenden Biedermänner.

Aus ähnlichem Holz mögen die Figuren der zweiten Garnitur der Reichsführung geschnitzt gewesen sein, die dem frettchenähnlichen Reichsführer blind zur Verfügung standen. Handlanger des Todes waren sie, und ihre Nachkommen sind um keinen Deut besser. Grob, derb und bierselig. Wen da kein Ekel erfaßt, der kann kein fühlendes Herz haben.

Ein Nord-Süd-Konflikt, der keiner ist

Wieder einmal bin ich in Deutschland, um an der Hamburger Oper einen wienerischen Frosch in der „Fledermaus“ zu spielen. Hans Hollmann, ein Freund, den ich als Peymann-Nachfolger immer wieder ins Spiel brachte, inszeniert. Übrigens, immer wenn ich dem Kunst-Verkehrs-Minister Scholten, einem wohlerzogenen, kultivierten Mann, den Namen Hollmann als Burgtheaterdirektors-

Möglichkeit nannte, lächelte er maliziös und meinte: „Vergessen Sie nicht, wir spielen in der ersten Liga." Mein Kommentar war schlicht wie immer: „Nebbich."
Also „Fledermaus" in Hamburg; mein Text ist sehr wienerisch, aber ich weiß, die Nordlichter werden mich verstehen.
Natürlich werde ich wie immer, wenn ich in Deutschland spiele, Austriazismen wie „zuzeln" (lt. Wimbergers Wörterbuch „Österreichisch-Deutsch": „mit heftiger Saugbewegung abschlecken"), achln (essen), tschinageln (hart arbeiten) und Wimmerl (Pickel), wurlert (durcheinander) und wuzeln (zusammenrollen) vermeiden. Dabei reizte es mich, unsere gewachsene, eigenständige Sprache gegen „echt gut", „supergeil" und „angedacht" ins Treffen zu führen.
Wichtig für solches Tun ist, daß man weiß, wo die Grenzen verlaufen. Für viele Süddeutsch Sprechende verlaufen sie am Weißwurstäquator, für mich selbst schon bei Freilassing. Wäre es nicht so, hätte der bayerische Ludwig sein Land den Bismarkisten nicht verkauft. Selber schuld!
Ansonsten aber haben wir – trotz des aus Bayern stammenden Bundesministers Theo Waigel – mit den Bierfreunden kaum Schwierigkeiten. Na, wir sind ein bisserl im Vorteil, unser Barock ist schöner, unsere Sprache und Lebensart ist weicher, unser Patriotismus erträglicher. 4 : 0 also.
Außerdem tun mir die Leute um München, Nürnberg und Augsburg leid. Sie sind in ihren Regionen zu Minderheiten geworden. Preissen beißen, das ist ihr Problem, nicht unseres. Hätt' halt der bayerische Ludwig nicht . . .
In Hamburg ist eine kleine, aber effiziente Gruppe von Österreichern am Werk, und dies sehr zum Vorteil der Staatlichen Oper, die neu und imposant am Gänsemarkt prunkt.
Und siehe da, es sind dort viele Zungen zu hören, und

man versteht einander prächtig. Der offene Sinn der Hanseaten, die österreichische Anpassungsfähigkeit, der scharfzüngige Zynismus Jochen Kowalskys (Ex-DDR) und die amerikanische Direktheit der Dame Daniels (Rosalinde), die in drei Booten gleichzeitig sitzen kann. Irgendwo in Maine/USA aufgewachsen, wohnt sie mit ihrem steirischen Mann in Fritzens in Tirol und arbeitet in Deutschland. Das alles geht glänzend, weil sie will, und weil die anderen es wollen.
Außerdem hat man in aller Regel gegen prominente Ausländer weniger als gegen arme, unbekannte Heimatlandlose. Den Hamburger Eisenstein übrigens singt Bo Skovhus, Däne und Liebling der Damen aller Altersklassen.
Ich erzähle in Hamburg immer wieder, wie tolerant wir Österreicher seien, und ich bete täglich, daß nichts in den Zeitungen stehen möge, das den gegenteiligen Schluß zuließe. Weiß ich doch um die gar nicht so lupenreine Wahrheit; doch, lassen wir's, ein paar von uns schämen sich, und die anderen . . .

Widerspruch gegen ein Vorurteil

Als ich unlängst im Salzburger Schloß Leopoldskron vor deutschen Industriellen und Spitzenmanagern auftreten sollte, meinte Konzert-Macher Fiala, man kenne zwar meine Abneigung Deutschen gegenüber; ich möge mich aber doch bitte heute ein wenig zurückhalten.
Na, so etwas, denke ich. Was meint er? Weil ich mich wehre, wenn die „Frankfurter Allgemeine“ auf mich hinschlägt? Weil ich anmerke, daß große deutsche Literaturverlage Österreichs Dichter als „deutsche“ verkaufen: von Zweig über Musil bis Menasse? Oder weil ich darüber nachdenke, wenn Michael Maier in der Wiener „Presse“ schreibt, daß man „uns dort draußen als unkultivierten Wurmfortsatz Deutschlands“ betrachtet?

Warum also stellt Herr Fiala an mich solche Forderungen? Mir, einem Träger des bundesdeutschen Verdienstkreuzes!
Warum, Herr Fiala, soll ich die Menschen in Deutschland nicht lieben?! Es sind ja nicht mehr dieselben, die mich in der Deutschen Wehrmacht gequält haben. Die mich vor mehr als fünfzig Jahren zum Aussätzigen, zum letzten Dreck gemacht haben.
Warum sollte ich ein ganzes, großes Volk nicht mehr mögen, nur weil ein paar sich selbst grenzenlos Überschätzende auf Günter Grass Treibjagd machen! Auch weil ich die strohdumme Frage: „Wie kann man in so einem Intrigentheater wie in Österreich überhaupt noch leben?“ nicht mehr hören kann.
Sehr Geehrter, meine Antwort heißt wie stets auch jetzt: Ich lebe in diesem Land sehr gerne, ich fühle mich hier wohl, mag anderswo gar nicht sein, auch nicht in . . ., was ja nichts Schlimmes ist, doch ich sag's lieber nicht, sonst fragt mich wieder der Fiala.
Natürlich liebe ich eine Reihe von Menschen in Deutschland, und natürlich gehen mir einige auf die Milz, auf die Nieren. Ich kann sie nicht leiden. Aber, Frage: Kann der Peymann mich leiden? Na also.
Aber – Peymann hat einen Kodirektor, Deutscher, zwar in Wien geboren, Hermann Beil heißt er: Den mag ich sehr, und ich hoffe, es ist auch umgekehrt so.
Der deutsche Dichter Peter Weiss hat sich zu mir und überhaupt wunderbar benommen, so daß ich seinetwegen sogar ein paar Miese akzeptieren will. Und mit dem Direktor des Salzburger Landestheaters pflegte ich auch eine echte Freundschaft zu einem Deutschen, wenn dieser nicht inzwischen zum Österreicher konvertiert wäre.
Ja, Freunde in Deutschland, die Menge: Wenn Sie einmal in Minden vorbeikommen, so fragen Sie doch bei Hans Bradtmüller an, oder in Berlin bei Ilse von Kampts. Auch sie meine ich, lieber Herr Fiala.

Ganz im Ernst: Mir ist jeder Mensch von Anfang an lieb, bis er mir zeigt, daß er einer Zuneigung nicht würdig ist. Ich erwähne hier ein Paradebeispiel, die Geschichte eines ehemaligen Freundes: Jahre hat es gedauert, bis ich feststellte, daß ich es mit einem beinharten, herzlosen Egoisten zu tun hatte. Zudem mit einem politischen Chamäleon, einem Nach-oben-Buckler und Nach-unten-Treter, einem Leuteausnutzer und Hochstapler. Er war Sänger, Kommunist, Sozialist und praktizierender Christ, und alles nicht. Ich gebe zu, daß ich ihn eine Zeitlang nicht gemocht habe, weil er Menschen aus dem Grund treten wollte, weil sie ihn nicht in ihrem Kreise aufgenommen haben. Jahre sind seither vergangen, und nicht einmal sein letztes großes politisches Vorbild ist mehr im Geschäft, Kurt Waldheim. Nein, ich hasse ihn nicht, er tut mir leid, weil er so uninteressant geworden ist. Er ist mir nicht einmal wurscht, er tut mir leid, basta.

Wie also kommt der Fiala aus Salzburg auf die Idee, ich könne ein Volk pauschal ablehnen? Wo kämen wir da hin! Ich bin – sagen andere – leidlich tolerant. Nachtragend, aber tolerant. Stimmt nicht, denn tolerant sein heißt: dulden. Und das ist mir wirklich zu wenig.

Vielleicht hat George Steiner recht, wenn er meint, wir seien zu früh geboren. Vierhunderttausend Jahre Homo sapiens, was ist das schon, evolutionär betrachtet. Auch ich fürchte das Ungewohnte, krieche dann unter den Tisch, ziehe die Tischdecke herunter. Aber dann halt ich's nicht aus, muß doch nachsehen, muß riechen, hören, fühlen, bin neugierig. Auch auf Menschen, auf andere Nationen, und selbstverständlich auch auf die deutsche.

Na, was meinen Sie, Herr Fiala, wenn ich Ihnen verrate: so einfach ist das alles.

Ich bin dagegen, wenn es auch viele Exemplare dieser Spezies gibt, die es verdienten, bayerische Menschen als Piefke zu bezeichnen.

Zwar sind einige dieser Bezeichnung sehr würdig, vor

allem Bundesfinanzminister Theo Waigel und sein Gefolge. Aber, im großen Ganzen: nein. Ist vielleicht schon so: daß die Bayern grob, derb und geradlinig sind. Aber, andere im selben Land sind statt dessen angeberisch, überheblich und frech. Der Unterschied zwischen Bayern und Restdeutschen ist beträchtlich und fast ebenso groß wie der Unterschied zwischen Bayern und Österreichern.
Beide sprechen sie eine dem Deutschen ähnliche Sprache, die Unterschiede spielen sich zwischen Fleischlaberl und Fleischpflanzerl ab. Der grabentiefe Unterschied beginnt sich erst abzuzeichnen, wenn wir hier die Frikadelle ins Spiel bringen und dort die Boulette.
Bayern und Österreich sind nicht ganz aufrichtig, wobei man dieses Phänomen von Österreich kennt und kolportiert.
Österreich ist anschlußerfahren und sucht Derartiges nicht mehr. Sollte aber Bayern ein solches Ansinnen entwickeln, so bin ich mir dessen sicher, daß unsere Regierung solch ein Ansuchen wohlwollend prüfen würde. Voraussetzung: Hauptstadt der Föderation heißt Wien.
Wenn Sie, liebe/r Bayer/in, sich mit Ihren Maßkrügen unter unsere Fahnen flüchten wollen, hier haben wir für euch Platz. Und vielleicht auch Gesinnung.

Tourismuskrise, hausgemacht

Es ist der 15. August 1995. Seit einigen Tagen halte ich mich in einem großen, derzeit allerdings sehr stillen Fremdenverkehrsbetrieb auf. Das blanke Staunen ist auch hier ausgebrochen, ungläubiges Stirnrunzeln ist da wie allüberall zu sehen. Sie können es nicht fassen, nicht glauben. Sie blättern in Berichten und Analysen, lesen, bis ihnen die Augen aus den Höhlen quellen, peinliche Bilanzen.
Die Gesichter geraten beim Nachdenken derricklich. Die

sonst so stolzen, so wenig leutseligen Gastronomen sind fassungslos, denn – die Gäste bleiben aus, Piefkemangel herrscht, Skandinavier überfliegen uns südwärts, kostenintensive Hotelketten stehen halb leer.
Ich habe mich daher (neudeutsch) *kundig gemacht,* bin auf eine kleine Forschungs-, Untersuchungs- und Feststellungsreise gegangen. Nein, daß alles nur die Folge hoher Lohnnebenkosten, zu hoher Gehälter und massiver Steuern sei, ich hab' es eindeutig erfahren müssen, ist mehr als Unsinn, ist eine unredliche Behauptung.
Der harte Schilling und eine schwache Lira können nicht für alle Ausreden herhalten. Denn der Schilling war schon vor drei Jahren hart, und die Lira ist schon lang im Keller. Richtig, die Deutschen führten die Solidaritätsabgabe ein und zogen damit die Steuerschraube ein wenig an. Peso und Lira krabbelten weiterhin nach unten.
Nur von Österreichs Gastronomen blieben allzu viele unflexibel, denn Wirte und Bettenvermieter verharrten, wie ich es sehe, auf dem Kurs, rasch viel Geld zu machen. Vielleicht schon in vier, wenigstens in fünf Jahren. Doch so nicht. Ich brauche da keine großen Wirtschaftsziffern, ein Blick auf so manche Speise- und Getränkekarte eröffnet mir die wahrhaften Perspektiven.
Ich sitze also in einem großen Kurhotel südlich von Wien – zugegeben: fünfsternig. Und lese auf der Karte unter „offene Weine: 1/8 l öS 44,00“. Rechne: der Liter also 352 Schilling oder 50 Mark. Dabei wächst der edle Tropfen im Übermaß gleichsam ums Eck, von Baden bis Vöslau . . .
Wer weiß, denke ich, vielleicht düngen sie den Boden dieses sonnigen Landstrichs mit in republikanischen Zeiten selten gewordener Aristokratenscheiße. Oder, vermute ich, sind die Glaserln für das Weinderl hierzulande mundgeblasen und maßgefertigt?
Ich spreche mit dem jungen, vernünftigen Direktor des Hauses. Der hört freundlich zu, begreift und handelt, setzt den Preis des Achtels mit neuen 35 Alpendollars fest, was

einen Literpreis von nunmehr 264 Schilling – oder: für die deutschen Gäste: 38 Mark – nach sich zieht. Ein Erfolg?

In Salzburg verlangt man zur Festspielzeit in den sogenannten guten Hotels bis zu 600 Mark fürs Betterl, satte 4200 Schilling fürs kurze Nachterl. Laden Sie die Dame Ihres Herzens dazu ein, zudem zum „Rosenkavalier“ (den vorderen Platz für viereinhalb Tausender das Stück), dann müssen Sie mindestens fünfzehn Blaue im Brieftascherl haben, für diesen einen Tag. Ohne Essen, denn auch das Frühstück ist in der Regel ein Extra.
In Salzburg allerdings gibt es die Klientel. Anders als anderswo. Wie lange noch?
Fünfzehn Tausender, damit können Vater, Mutter und zwei Kinder im fernen Tunesien Badeurlaub machen, inklusive Flug und Vollpension.
Und was gelte es daraus zu lernen? Hinunter mit den Preisen in die Realität, und hinauf mit dem Qualitätsniveau! Die Zeichen der Zeit stehen nämlich anders, auch im Hinblick auf das Gastgewerbe, egal ob Wirtshaus oder Nobel-Gastronomie.
Denn die Riege der „Gestopften“, derer, denen es egal ist, ob's halt ein bisserl mehr kostet, diese Riege als Massenphänomen ist klein geworden. Und die neuen Neureichen, die Oberkummerln aus den ehemaligen Ostblockstaaten, die internationalen Mafiosi aller Kolorite, die haben kaum Interesse an der stillen Schönheit unseres Landes. Ihr Tourismus hat andere Absichten.
Unsere westlichen Nachbarn lassen sich auch nicht mehr durch charakterlose Arschkriecherei anlocken. Sie wollen die Gastro-Germanismen unserer Speisekarten nicht mehr, verlangen nach Erdäpfel- und Grammelknödel, Topfenpalatschinken und Paradeisern und nicht nach Kartoffelklössen, Quarkpfannkuchen und Tomaten. Das alles haben sie ja selbst zu Hause. Und auch in ihren

Ohren klingt eine austriakische Speisekarte mit *Entensülzchen an Pampelmusenschaum* nur blöd.
Natürlich gibt es mitunter Schwindlige, die ihr Gebirgsgewittersurrogat im Hotelkeller abgewickelt haben wollen, oder sich unter der Höhensonne und insektenfreien Plastikpalmwedeln suhlen. Doch die sind zu vernachlässigen.
Neben Nepp und Nebochanten-Angst mag es aber einen weiteren Grund geben, warum, wie Waldheim gerne zu sagen beliebte, so viele Leute dieses Land meiden: Für sehr viele Menschen aus anderen Ländern ist ein Ort nicht attraktiv, in dem sich ein Viertel aller Wähler zum Haider Jörgl und anderen bekannten Lemuren bekennt, vor allem, wenn es sich dabei um ein Land handelt, das einen ganzen Packen Vergangenheiten mitzuschleppen hat.
Auch wenn viele der unsrigen ihre privaten Abneigungen – rassistische etwa, oder jene Ausländern gegenüber – in den Tourismus-Saisonen in den Keller tragen.
Ich wünschte mir sehr, daß sich hier vor allem unter den jüngeren Leuten ein großes Umdenken vollzöge, schon aus ganz egoistischen Motiven: Denn mein Enkel Markus hat die edlen Handwerke Koch und Kellner gelernt – beim berühmten Meister Zodl am Wiener Judenplatz. Nach dem Spezialkursus, den er eben besucht, will er sich mit ganzem Herzen der österreichischen Fremdenverkehrsindustrie widmen. Sie sollte, wenn er damit fertig ist, nicht zusammengebrochen sein, sondern blühen und gedeihen.

Um als Postscriptum noch ungeistig beim Pampelmusenschaum anzuknüpfen: Babylon verwirrt unsere gewachsene Muttersprache; wir *denken an*, wenn wir nachdenken. Schöne Frauen hüllen sich drunter in einen *Body,* obwohl der body sowieso okay ist, verständigen sich via *Handy,* sprechen eine *Message* aufs Band, *gucken* in die *Mailbox,* warten auf das Freiwerden einer *Line,* nehmen einen schnellen *Drink,* vielleicht ein *Pils,* und essen einen *Big Mac,* oder wenigstens *Chips.* Also: *Tschüßchen.*

Wie weit ist doch der Weg zurück zu Hüferschwanzl, zu servas, Haberer und zum sympathischen: „Schef kummen murgen. Ich nix wissen. Is andere Baustelle."
Allzuviel Rückgrat hat uns ja nie ausgezeichnet, jetzt hat sich auch das vorletzte Wirbelsäulenstückerl verbogen.

Nachbemerkung: Ein Bekannter aus Deutschland wundert sich. „Also, eure Speisekarten ... Ich komme mir vor wie zu Hause. Knoblauchschaumplätzchen an geschlagener Tomatencreme, Broccoliplätzchen an Wacholdermousse. Warum macht ihr das? Wir fahren gerne ins teure Österreich, weil wir die Sprache recht gut verstehen, aber dennoch im Ausland sind. Warum nehmt ihr uns die Illusion? Andere Währung, andere Briefmarken, andere Leute."
Wenn Sie mich fragen, ich antworte so: Ich glaube, das ist unser Anbiederungssinn, denn alles, was von draußen kommt, ist größer, schöner und schneller. Wir alle sind zuerst auf die amerikanische Überflutung hineingefallen, *Cola light. Whow!* Die neudeutsche Sprache, meist mit *vor Ort, vorneweg.* Ja, die *parlwaissen* Zähne packen zu. Es ist zum Auswachsen. *Tschüßchen*, *Hallöchen*, in einem der letzten Schimansky-Krimis habe ich das gute deutsche Wort *Scheiße* gezählte 28mal gehört. Kulturauftrag des ORF, der ARD und ähnlicher, die nicht kirchlich kontrolliert sind.
Ich frage mich oft, wie ein Bekannter aus der BRD: Wie sollen wir unsere Identität bewahren, wenn wir nicht Schutzvolk gegen und für die Einheitsbreikultur (was diese auch immer sei) sein wollen?

Meine Freunde

Frauenfreunde

Wenn sie an Freunde denken, so fallen den meisten Männern Männer ein. Mich hat der kleine Unterschied zum Glück noch nie daran gehindert, mit weiblichen Wesen Lebensfreundschaften zu schließen.

Als erste fällt mir da meine Freundin Elfriede Ott ein, mit der ich seit über 45 Jahren Theater spiele und die mir seelisch sehr nahe steht. Die Ott, eine Schwerarbeiterin aus lauter Lust und Freud', wie auch ich ein Schwerarbeiter aus den gleichen Gründen bin, ist darüber hinaus tapfer, fleißig und erfolgreich. Ein Wunder fast, daß ihr dabei noch Zeit für ein kleines Quentchen Privatleben bleibt, an dem sie mich teilhaben läßt. Man sieht sich gelegentlich auch außerhalb des Theaters, und man telefoniert fast täglich. Man holt beieinander Ratschläge, Informationen, und man tratscht ein wenig.

Vor allem hat man einander gern.

Unsere Parallelen: für jeden von uns beiden war die Mutter der wichtigste Lebensmensch. Dieser Umstand hat das Fundament unserer Zuneigung gelegt. Unsere beiden „alten Damen“ haben einander gut gekannt.

Elfi, nun auch schon im reiferen Alter, ist ein ernsthaftentzückendes Kind geblieben, mit viel Charme, viel Herz und einer bis zur Selbstverleugnung reichenden Toleranz. Ich beneide sie darum.

Frauen als Freunde, in meinem Leben natürlich zumeist Theateristinnen: die Annemarie Düringer, die Kitty Speiser, die Dany Sigel, die Elisabeth Orth (die sich nach Berlin abgesetzt hat) – ich mag sie alle wie auch – Sie wissen es bereits – die Inge Konradi, die Hertha Ebm (die

Witwe nach meinem Freund Leo Ebm, Stadtarzt meiner Wohngemeinde Großenzersdorf), und natürlich die Renate Schneider . . .
Dennoch tu ich mir schwer, über Freundschaften zu Frauen zu schreiben.

Hemmungslos aber kann ich über meine Liebe, Zuneigung, Freundschaft nur zu einer einzigen Frau berichten: über die Liebe zu meiner Mutter, dieser kleinen, eigensinnigen Tapferen.
Wir hatten ein gutes, liebevolles Verhältnis zueinander. Wenn ich mitunter heute in Briefen lese, die ich während des Zweiten Weltkriegs an sie von der Front oder aus dem Gefängnis geschrieben habe, so staune ich, wie unsagbar groß meine Sehnsucht nach ihr gewesen sein muß: Mutter, das war Heimat, Geborgenheit, Hoffnung, Liebe.
Als ich damals im Wehrmachtsgefängnis Germersheim für den Einsatz in einer Strafkompanie gedrillt wurde, stand urplötzlich meine Mutter mitten im Hof: im Pelzmantel, auf dem Kopf ein brauner, flotter Hut. Sie stand neben der Feldküche einfach da und hat mir nie verraten, wie sie das geschafft hat, dort überhaupt hineinzukommen. Sie hatte ein kleines Päckchen und viel Zuversicht mitgebracht.
Einige Tage zuvor war sie im Berliner Amt für Vollstrekkungs- und Gnadensachen gewesen. Sie hatte mit meinem Chef, dem Oberst Munske, gesprochen (ein großartiger, anständiger Offizier alter preußischer Schule, dem der primitive Nationalsozialismus sichtlich widerlich war) und war dann, einen Riesenumweg in Kauf nehmend, an den Rhein gefahren, nur um mich zu sehen.
Ich habe gewartet, daß sie weinen würde, und habe mich davor gefürchtet. Sie hat nicht geweint, sie hat mich gestreichelt, als ich losheulte.
Mit meiner ersten Eheschließung – knapp nach dem Zweiten Weltkrieg, in Graz – war sie nicht einverstanden

gewesen. Aber Hans, den Sohn aus dieser Ehe, liebte sie sehr, war ihm Mutter wie mir. Über viele Jahre hinweg.
Die Mutter war klug, war mutig, war kräftig, war stark. Nur als sie krank wurde, dann wurde sie verletzlich und weich.
Als ich noch ein Kind war, wollte sie, daß ich Klavier spielen lernte. Ich habe mich geweigert, kann es bis heute nicht. Sie hatte es gewollt, weil sie meinte, Klavier spielen könne eines Tages für mich wichtig werden. Damals war ich in einem bockigen Widerstand. Heute weiß ich, daß sie mir fürs Leben das beste Rüstzeug mitgeben wollte.
Als ich ihr sagte, ich wolle zum Theater, war sie glücklich. Mit sechzehneinhalb trat ich in einem Nachtlokal auf. Künstlerparodien, fünf Schilling pro Abend, und ein warmes Essen. Sie holte mich jedesmal ab, brachte mich nach der Vorstellung nach Hause. Zu Fuß. Da gab es nix.
Später: Ich war Soldat auf Urlaub, trug das Eiserne Kreuz und das Erdkampfabzeichen. Damals hatte ich, der Fronturlauber, ihr versprochen, um 23 Uhr zu Hause zu sein. Aber, ich kam erst knapp vor Mitternacht. Sie hatte auf mich gewartet. Und als ich endlich ins Speisezimmer kam, gab sie mir eine Watschen. Nicht, weil ich viel zu spät nach Hause gekommen war, sondern weil ich meine Zusage nicht eingehalten hatte. Da kannte sie keine Gnade.
Ich bin ein Produkt von Mutters Erziehung, denn sie hat mich geliebt, und ich sie. Ich liebe sie heute noch, auch wenn sie weit, weit weg ist von uns. Aber ich bin ihr unendlich nahe.

Der andere Jörg

Lange habe ich gebraucht, bis ich begriffen hatte, warum mein Freund Jörg Mauthe – einer der wenigen Wiener Stadträte evangelischer Konfession – nicht wollte, daß gewisse Leute bei seinem Trauerakt in der Wiener Dorotheerkirche Reden hielten. Jetzt erst, zehn Jahre nach seinem Tod, glaube ich, seine Handlungsweise zu verstehen, zumal ich mir erst jetzt den betroffenen Persönlichkeitenkreis näher besehen habe.

O ja, der Jörg war ein kluger Mann. Ich meine unseren, meinen Jörg – den Protestanten. Nicht den blauen Protestierer.

In der Wiener Gesellschaft sind immer wieder Typen zu finden, die alles repräsentieren, was eine Person liebenswert und zugleich abstoßend erscheinen läßt. Eines haben diese Typen alle gemeinsam: sie sind Soziopathen reinsten Wassers.

Auch Hitler soll ja – bei aller fanatischen, unmenschlichen Brutalität – ein recht charmanter Österreicher gewesen sein. So charmant, daß sich nicht einmal ein Albert Speer seiner Liebenswürdigkeit entziehen konnte, sondern sich in ihn „verliebte", was zum Teil auch auf einen gewissen, nie praktizierten homoerotischen Gleichklang schließen läßt; das behaupten zumindest manche Forscher.

Diese oberflächliche, gut getarnte Liebenswürdigkeit, die derbe Anbiederung an „das Volk", das „mit ‚die klan Leit' herumsaufen", das macht in Österreich, insbesondere aber in Wien, oft populär. „Das ist einer von uns", meinen dann die Leute, „auch der ist ab und zu ang'soffen!"

Und wenn solche Menschen Untaten begehen, dann verantworten sie sich damit, unzurechnungsfähig, „vollfett", gewesen zu sein. Ich aber bin nicht gewillt, jenen, um die es hier geht, volle Entlastung zuzubilligen, wenn ich ihnen auch einräume, daß einmal erreichte Macht korrumpieren, mitunter größenwahnsinnig machen kann. Machen *kann.*

Denn es gibt auch andere Beispiele: Einem Bruno Kreisky etwa wären derartige Lappereien nie eingefallen; er hätte sich auch nie dazu entschlossen, jemanden, der ihn ange-

griffen hatte, telefonisch aufzukratzen und sich bei ihm weinerlich zu beschweren. Der ging halt nie unter sein Niveau.
Jene, die ich meine, auch nie, denn sie haben kaum eines. Verpatzte Kraftmeier sind das, nachtragende Polit- oder gar Kulturtanten, die hinter dem gefälligen Lachen, das sie zeigen, Reißzähne verbergen.
Oh, ich kann den Jörg verstehen. Den Jörg Mauthe selbstverständlich.

Ein Kopf aus Sandstein

Viele Jahre ist er auf der Terrasse vor meinem Haus gestanden, der freche Römerkopf, den mein allzu früh (es ist immer zu früh) verstorbener Freund Kurt Sowinetz für mich aus Sandstein geformt hat.
„Auf flüchtigen Sand habt ihr gebaut . . ."
Der Regen, der Schnee, die winterliche Kälte, vielleicht auch die Sommerhitze, sie haben dem Römerkopf so zugesetzt, daß er – gestern war er noch heil – heute in zwei Teile zerbrach. Da liegt er nun, die Zunge auf den Boden gepreßt, armselig da.
Sowinetz, den die Kollegen „Sowerl," meine Kinder liebevoll „Onkel Kürtlein" riefen, hat mir einst dieses kleine Kunstwerk geschenkt. Weiters hat er mir damals eines seiner Bilder gegeben, und darüber hinaus ein Luftdruckgewehr: denn wir hatten uns eine Art Praterschießstand errichtet und auf Scheiben geschossen.

Kurt und mich verband eine eigenartige, eine schöne Freundschaft, und wir haben sie sehr bewußt genossen, privat ebenso wie auf der Bühne. Viel haben wir gemeinsam gespielt: „Das Protektionskind" im Wiener Volkstheater, „Kennen Sie die Milchstraße", Bert Brechts „Kaukasischen Kreidekreis". Wenn wir in Shakespeare-Stücken

agierten, so hat er mich – manchmal auch für Laien sichtbar – ganz schön an die Wand gespielt.
Eine wunderbare Erinnerung: „Sowerl“ als umwerfender jüdischer Synagogendiener unter der glänzenden Regie Michael Kehlmanns im „Zehnten Mann“ in der Josefstadt. Sowinetz erarbeitete in diffiziler Kleinarbeit alle Differenzierungen einer Rolle, er hat unendlich viel herausgeholt und sich sensationelle Erfolge erspielt.
Am Burgtheater, während der Peymann-Direktion, sind wir leider nie gemeinsam auf der Bühne gestanden. Nein, ich glaube nicht, daß dahinter Absicht lag. Es hat sich halt nicht ergeben.
Jedenfalls habe ich mit dem Sandsteinschädel wieder ein Erinnerungsstück an einen meiner besten Freunde verloren. Zum Glück aber bin ich noch nicht sehr verkalkt, wie manche hoffen, und meine Erinnerungen sind daher klar und schön.

Kurt fehlt dem Wiener Theater sehr, mir geht er so ab wie selten wer, und ich bin – wie mit vielen anderen Verstorbenen – auch mit ihm eng im Gebet verbunden.

Ein Fest für Gerti

Da waren sie nun wieder versammelt, Freunde und Kampfgenossen; und jene Bevorzugten, die Gerti bereits seit langem kennen. Nur, um noch einmal *Genossen* sagen zu dürfen; sie *genossen* einen Abend am Buffet und das Gefühl der Zusammengehörigkeit. Frau Bundesminister a. D., Gertrude Fröhlich-Sandtner, feierte einen runden Geburtstag.
Da saß Ex-Bundeskanzler Fred Sinowatz, dem schon gar nichts erspart geblieben ist in diesem Leben, sichtlich noch immer gezeichnet vom Tod seiner Frau. Leopold Gratz, Bundesminister a. D., Altbürgermeister von Wien,

zwar derzeit ohne Stimme, aber nach wie vor gut aussehend. (Mein Gott, waren er und Heinz Fischer jung und ungelenk, als ich sie einst beim unvergessenen Jacques Hannak an manchen Sonntagnachmittagen zum lockeren Gespräch traf).
Da die laut lachende Christa Krammer, in unserer Heimat als Ministerin für die Gesundheit zuständig, kam aus dem Burgenland angereist.
Da plaudert der Wirtschaftskammerpräsident Leopold Maderthaner; dort parliert Hannes der Unermüdliche, jener Androsch, dem mancher heute noch eine Träne nachweint.
Und da waren auch Gertis Künstlerfreunde in großer Zahl: Helmut Lohner, der designierte Direktor des Theaters in der Josefstadt, mit Elisabeth Gürtler, der attraktiven Sacher-Chefin.
Und da stand der so tapfere wie bewundernswerte Hans Peter Heinzl, der in den letzten Jahren vom großen Kabarettisten zum großen Darsteller gereift ist. Am Opernball hatte ich ihm noch gesagt, daß ihm ein Ritterkreuz für Tapferkeit gebühre. Vier Jahre lang hat er gegen seine Krebskrankheit gekämpft. Kein larmoyanter Kranker, ein heldischer Streiter. Ich ziehe vor ihm tief meinen Hut.
Eine wichtige Erinnerung und mehr . . .

Ich treffe bei Gerti den Wasser-Intendanten Harald Serafin (Mörbisch am Neusiedler See) und seinen Festlands-Antipoden Felix Dvorak (Berndorf); sie tauschen feuchte und trockene Wahrheiten aus.
Die noch immer strahlende Waltraud Haas nach wie vor an der Seite ihres Erwin Strahl, Sissy Löwinger bei Peter Minnich (toll sieht der aus!), und der allezeit omnipräsente und nach wie vor rege Franz Antel prahlt mit seiner schönen Sibylla.
Ist all dies ein Seitenblick in die Vergangenheit, oder hat das doch noch mit der Gegenwart zu tun?

„Veteranenbuffet“ nenne ich diese Art von Zusammenkünften gerne. Doch vergesse ich nie, daß die meisten dieser „Alten“ noch fest und fesch arbeiten. Ich selber bin da keine Ausnahme. Und ich rate all jenen, die uns immer wieder fragen, was wir „mit dem vielen Geld anfangen“, das wir noch verdienen, so wie ich zu antworten: „Wir Doppelsteuerzahler unterstützen damit nicht nur unseren Staat, sondern auch die Errichtung jener Heime, in denen Alterstachinierer ihren langweiligen Lebensabend verbringen.“

Wir Theaterleute nehmen niemandem Arbeit weg. Oder glauben Sie wirklich, daß ein 35jähriger auf der Bühne einen 80jährigen Großvater glaubhaft darstellen kann?

Arbeit erhält unsereinen jung. Besonders scheint das auf Regiearbeit zuzutreffen. Stolpern wir doch immer wieder über 60jährige Achtundsechziger als Jungrevolutionäre der Schaubühnen aller Welt.

Der Geburtstagsabend unserer Gerti Sandtner verlief harmonisch und locker, aber ich meine, an diesem Abend auch in mir und um mich eine gewisse sentimentale Besinnlichkeit festgestellt zu haben. Ein Wunder? Beim Sechziger der lieben Gerti vor zehn Jahren war noch der Heinz Conrads da, der Fredi Böhm und – ich darf gar nicht nachdenken. Oder doch, abends dann, im stillen Kämmerlein, nachts, wenn aus allen Zimmerecken die Angst hervorglotzt.

Gerti hat an diesem Abend ein grünes Kleid an, als hätte sie – die rote Violetta – geahnt, daß der deutsche Modellfußballer Carsten Janker Rapid ins Europacupfinale schießen würde – 3:0 – das hebt den Patriotismus. Bei Herrn Janker (wird er wohl auch bald ein Lodenjanker werden?) freut es mich, daß er nicht wie viele seiner im goldglänzenden Westen werkenden Kollegen auf die alte, ausgediente DDR spuckt. Der Mann scheint nicht nur Talent, sondern auch Charakter zu haben.

Ja, liebe Gerti Sandtner, so gemütlich wie an deinem

Siebziger war es nicht mehr gewesen seit Bruno Kreiskys Heurigenabend in der Armbrustergasse.
Ich bewahre noch ein Bild auf, das zeigt, wie ich dem Kanzler damals und seinen Gästen (Außenminister Rudolf Kirchschläger, Olof Palme und der Schauspielerin Ulla Jacobson) ein Wienerlied vorsinge, ohne als Hofnarr engagiert gewesen zu sein, nur aus lauter Hetz und Gaudi. Ich hätte auch der Gerti gern etwas vorgesungen, doch ich hatte am nächsten Morgen Probe und entschwand frühzeitig. Meine Frau, die gute Franzi, lud mich ins Auto und kutschierte mich nach Hause. Dabei habe ich an diesem Abend nur Sodawasser über die köstlichen Grammelknödel mit Sauerkraut gegossen.
Aber, wer weiß das schon vorher?

Für Michael, Roberto und Georg

Das waren arge Weihnachten, in diesem Dezember 1995. Hätte ich nicht vorher ein paar ruhige Schneesommertage im Salzburgischen verbracht, ich wäre ziemlich geknickt durch die Gegend gewandert.
Wenige Tage vor dem Christfest: eine unnötige, überflüssige Nationalratswahl, die mir viel Stimmung verpatzt hat. Denn ich liebe den Advent, genieße die Zeit der Vorfreude mehr als das Heiliger-Abend-Gebimmel. Seit unsere Kinder aus dem Haus sind, eigene Familien haben, ist es still geworden am Weihnachtstisch. Die Buben wurden größer, die Christbäume kleiner. Auch die Kerzen leuchten heute nicht mehr so hell wie damals. Sind's meine Augen, oder ist es die Seele? Ist es die Erinnerung, die verzerrt, oder sind es die Tränen, die um Dahingegangene fließen? Ich weiß es nicht. Was ich aber weiß, ist, daß ich zunehmend empfindlicher werde, und trotz aller Gegenwehr leidensbereiter.
Auf meine Stimmung drückt zu dieser Zeit auch: Die

Grippe geht um, hat sich vehement meiner Frau bemächtigt, und ich wehre mich gegen das Krankwerden mit allen Mitteln der Vitamine. Denn zum Neujahr muß ich in der „Fledermaus" den Frosch spielen, und bei einer Mitternachtsgala habe ich auch noch aufzutreten.
Gerade jetzt, in diesen trüben Tagen, denke ich viel nach, auch darüber, wer nun meine wirklichen Freunde sind, welche diese Bezeichnung überhaupt verdienen. Bei manchen bin ich mir ganz sicher, bei anderen zweifle ich daran.
Bei den sicheren fällt mir schnell mein Kollege Michael Janisch ein, und ich denke auch unmittelbar an Robert Jungbluth, den Direktor des Theaters in der Josefstadt. Und sogleich auch an Kurt Regschek, den genialen bildenden Künstler; selbstverständlich an meinen „Ersatzsohn" Franz Morak. Weiters an Dagobert Glienke, an Georg Robor, an meinen wunderbaren Arzt Professor Wolfgang Hinterberger, an Hans Bradtmüller . . .
Ja, es fallen mir schon einige ein, natürlich auch meine Logenbrüder, die ich hier aus den bekannten Gründen nicht namentlich nenne.

Auf drei Freundschaften will ich hier besonders eingehen. Eine davon ist ein bisserl ungeschlacht, aber ganz herzlich: Es geht um Michael Janisch, Kammerschauspieler, liberaler Christ, ÖVP-Wähler, der sich manchmal auch als erfolgreicher Kampftrinker zu bezeichnen pflegt.
Wer Michael näher kennt, weiß, wie unerhört sensibel er ist, und wie sehr er sich vor Krankheit und Tod fürchtet, wie tapfer er aber gegen diese Ängste angeht und wie er seine Familie über alles liebt. Besonders verbunden fühlt sich Michael den seit achtzig Jahren als Herrscher arbeitslosen Habsburgern, gibt sich verbalmonarchistisch und ist de facto einer der wenigen wirklich patriotischen Österreicher in meinem Freundeskreis.
Wir kennen einander seit vielen Jahrzehnten, wir haben

kurz nach dem Zeiten Weltkrieg zum erstenmal miteinander gearbeitet, in einem von Curd Jürgens inszenierten Film, „Gangsterpremiere“. Wir – Hans Putz, Kurt Sowinetz, Hermann Erhardt, Marcel Andrée und Peter Preses, der Komiker Rudolf Carl. Michael Janisch war der Star des Streifens, Bruni Löbl der weibliche Protagonist.
Für mich war es ein Heimspiel, hatte ich Graz doch erst zwei Jahre zuvor verlassen und vorher drei Jahre lang erfolgreich im „Igel“ und am Landestheater gespielt.
Michael war zwar Hauptdarsteller des Films, freute sich aber so an der Arbeit, daß er stets lustig, gelöst und glücklich wirkte. Dieser Zustand übertrug sich auf uns alle, daher hatten wir ihn auch alle auf Anhieb lieb.
All die Jahre unserer Freundschaft war er unkompliziert, meist war er ehrlich und liebevoll. Denn Michael konnte und kann unendlich zärtlich sein. Nur ein einziges Mal hat er mich sehr verletzt, als er nämlich, auf einer unserer vielen Tourneen, behauptete, ich hätte mein Burgtheaterengagement dem Bundeskanzler Bruno Kreisky zu verdanken. Nicht die Tatsache, daß so etwas gesagt wurde, kränkte mich; sollten sie doch alle nachplappern, was der Kritiker Karl Löbl grundlos in die Welt gesetzt hatte. Mich kränkte aber, daß gerade Michael es war, der diese Aussage gegen eigenes besseres Wissen getan hat.
Aber, dann schlug das Schicksal zu. Auf der Bühne erlitt er einen Schüttelfrostanfall, wir mußten die Vorstellung abbrechen, ihn ins Krankenhaus fahren. Selbstverständlich habe ich mich um ihn gekümmert, als ob nichts zwischen uns gewesen wäre, und alles renkte sich, knarrend zwar, wieder ein. Was soll man tun, wenn man einen Kerl wirklich gern hat?! Michael ist keiner der Überschwenglichen. Man sieht einander nicht allzu oft. Aber ich hatte bei ihm über Jahrzehnte das Gefühl, daß er da ist, wenn Not und Suche nach Halt angesagt sind. Im Gegensatz zu mir schreibt er fast nie Briefe, er greift zum Telefon und donnert mir sein „Fritzlein, wie geht’s?“ ins Ohr.

Mag sein, daß wir einander lieben, weil wir in vielen Hinsichten so extreme Gegensätze bilden. Außerdem hab' ich aber auch gern, wenn ein Freund kommt und meine Hilfe einfordert. Michael macht von diesem Recht Gebrauch, selbstverständlich, denn er ist mein Freund wie ich seiner.

Mit Robert Jungbluth hatte ich über viele Jahre hinweg wenig Kontakt. Kennengelernt habe ich „Roberto", wie ihn Freunde nennen, im Theater an der Wien, als ich im „Mann von La Mancha" als Josef Meinrads Partner den Diener Sancho Pansa spielte. Roberto war – gemeinsam mit Rolf Kutschera – Direktor des Hauses; ein ideales Paar. Der eine Grand Seigneur, der andere volksnah . . .
Dann wurde Jungbluth Generalsekretär des Bundestheaterverbands, und damit waren wir einander auch sachlich näher gerückt. Er erwies sich dem Burgensemble gegenüber als lockerer Freund, schickte und begleitete uns mit Brecht/Weills „Dreigroschenoper" auf eine grandiose, bejubelte Japan-Tournee. Er führte uns väterlich auf uns unbekannten Wegen, war Japankenner und bewahrte uns vor dem Schicksal, niedergetrampelt zu werden.
Unvergessen die Abende nach Vorstellungen im Zimmer der Gertraud Jesserer, des Heinrich Schweiger, in meinem. Das ganze Ensemble aß Sandwiches, trank Bier – und freute sich des Lebens. Franz Morak, jung, rotbeschuht, beobachtete die Szene interessiert. Frank Hoffmann gab bei uns nur ein kurzes Gastspiel, und Erich Aberle erzählte von seinen gastronomischen Neuentdeckungen.
Als erste westliche Bühne traten wir im Kabukitheater auf, und gemeinsam mit Roberto Jungbluth waren wir stolz darauf, daß an der Fassade dieses traditionsreichen Hauses zwei rot-weiß-rote Fahnen flatterten. Der seine Heimat liebende Jungbluth hatte auch das geschafft. Er ist kritischer Patriot und kritischer Sozialdemokrat. Auch das verbindet uns.

Wäre Jungbluth im Bundestheaterverband geblieben, so wäre manche von Peymann verursachte Pein verhindert worden.
Ich weiß es nicht, aber fragen wird man noch dürfen: Hat Roberto vielleicht deshalb seinen Sessel dort räumen müssen?
Aber Jungbluth fiel nicht in den Keller, im Gegenteil, er wurde Co-Direktor des Theaters in der Josefstadt, erst gemeinsam mit Boy Gobert, dann mit Otto Schenk. So kamen wir noch enger zueinander.
Aber richtig geläutet hat es erst, als ich meine ausgeleierte Hüfte ersetzen lassen mußte und Robert zur selben Zeit im selben Krankenhaus eines Tumors entledigt wurde. Man telefonierte täglich, man besuchte einander, hielt Händchen, spendete einander Trost.
Wenn ich so im Rollstuhl von der Orthopädie Richtung Chirurgie rackerte, fragten meine Mitpatienten: „Schon wieder? Ist das ein Verwandter von Ihnen?" Ja, ich fühle mich mit Robert verwandt in vieler Beziehung. Was Lebensaufgabe, Erfolgserlebnissucht, Humanität und Geschmack betriff. Er mag präzise jene Leute nicht, die auch mir zuwider sind. Er lehnt das modernistische Theater ebenso ab wie ich und die Clanbildung unter den alten und neuen Theatererfindern. Dennoch hat er viel Geduld mit diesen Herrschaften bewiesen. Er hat mit Claus Peymann immer wieder das Gespräch gesucht. Vergebens.
„Fleisch von meinem Fleisch", sagt Georg Büchner.
Jungbluth ist Fleisch von meinem Fleisch. Ein schnell entschlossener Helfer in der Not und Vater der Beladenen. Roberto, du taugst mir.

Mit meinem Freund Georg Robor, Dramaturg, Pressesprecher des Volkstheaters, der mich seit vielen Jahren begleitet und den ich sehr mag und schätze (versponnene Genauigkeit), habe ich vor einigen Wochen über den Zustand unserer Partei gesprochen, natürlich der sozialdemokrati-

schen. Georg hat sich dabei sehr aufgeregt; denn er hat immer wieder, wenn ihm eine Entwicklung, ein Zustand, nicht gefallen hat, an die Zentrale in der Wiener Löwelstraße geschrieben, von dort aber nie Antwort erhalten. Doch! Zweimal, aber erst, nachdem ich die Stillschweigetaktik des Büros Vranitzky öffentlich mitgeteilt hatte.
Meine Herrschaften, mit dem Ignorieren der Basis werden wir der Welt keinen Haxen ausreißen. Man kann eben nicht nur unmittelbar vor einer Wahl ansprechbar sein. Die Leute wollen angehört werden, wollen das Gefühl, nein, die Gewißheit haben, daß man auf ihre Ideen und Anregungen, die sie einbringen, auch reagiert, und nicht darüber hinwegregiert.
Georg Robor fragte beim fast schon vergessenen Unterrichtsminister Dr. Herbert Moritz an, warum zum Saisonbeginn in Burg- und Akademietheater jeweils Thomas-Bernhard-Stücke gespielt werden. Was tat der Minister? Er leitete das Schreiben an Claus Peymann zur Beantwortung weiter. Dieser hat wie üblich nicht reagiert.
Georg ist einer der treuesten Menschen, die ich kenne. Und ist trotz manch herber Enttäuschung auch den Sozialdemokraten treu geblieben. Wie viele gibt es davon noch in diesem Land?
Daß es bei anderen Parteien genauso zugehen soll, beeindruckt mich nicht. Denn die meine hat besser zu sein, sonst brauche ich sie ja nicht zu wählen.
Parteien haben vor allem Interesse daran, Vertretungen zu sein und Räuberleiter für Karrieremenschen. Natürlich gibt es auch Gegenbeispiele.
Franz Vranitzky hat, bevor er Kanzler und Parteichef wurde, als Bankier viel mehr verdient als heute. Allerdings, Ruhm, Macht, Einfluß mag ein gutes Surrogat für Geld sein.
Geld ist nicht alles. Und Überzeugung hat ihren Preis. Sie ist meistens alles andere als billig.

Was ist Heinrich Neisser durch den Kopf gegangen?

Ich kenne Doktor Heinrich Neisser, seit er im Kabinett des Kanzlers Josef Klaus war. Und das ist lange her.
„Jetzt haben s' mich zu den Soldaten verbannt", scherzte er, als wir einander im Wiener Volksgarten trafen. Er war eben Staatssekretär im Verteidigungsministerium geworden.
Dann: Ein Gespräch da, eines dort, eine heftige Diskussion: Man lernt einander während so vieler Jahre, Jahrzehnte, ganz gut kennen.
Nun ist Heinrich Neisser Zweiter Präsident des Nationalrats geworden, und sechzig Jahre alt. Heute (19. März 1996) war in der großen Halle des Parlaments der Festakt. Ich sitze im Saal, und ich sehe es noch vor mir: wie in diesem Raum Bruno Kreisky aufgebahrt war. Und wie plötzlich – zum Erstaunen aller – sein Freund Jassir Arafat salutierend vor dem Katafalk stand. Es war mucksmäuschenstill, wir alle waren sehr ergriffen.

Heute feiert man hier den klugen Großkoalitionär Heinrich Neisser. Alles, was Rang und Namen hat oder zu haben glaubt, hat sich hier versammelt. Zu viele Ränge, zu viele Namen. Bundespräsident Klestil und Altbundespräsident Waldheim, der Bundeskanzler und der umtriebige Leon Zelman, der Heinrich Neisser gleich nach dem Altbundespräsidenten begrüßte. Und so saßen sie auch nebeneiander: Waldheim, Neisser, Zelman.
Was ist wohl da dem klugen und toleranten Zweiten Nationalratsrpräsidenten durch den Kopf gegangen?
Ansonsten machte mir diese Feier den Eindruck von Chaos. Im halligen Raum vierhundert Personen, vorne strudelten sechs Redner den Jubilar an. Und kaum einer hörte ihnen zu.
„Servus", „Verehrung". „Aber, Herr Präsident" „Grüß Sie,

mein Lieber". Händedrücken, Bussibussi, Schulterklopfen. Österreich, wie es leibt, lebt und liebt.
Bieder lächelt Wirtschaftskammerpräsident Leopold Maderthaner, streng und abweisend der Beamtengewerkschaftschef Siegfried Dohr (er hat wohl schwere Wochen hinter sich). Abgespeckt, vollbärtig, Erhard Busek; seine schönen, gut geputzten Schuhe fielen mir sofort auf. Fritz Molden, Manfred Mautner-Markhof, der liebe alte Herbert Kohlmayer, Cornelia Frieser, elegant schwarz umhüllt; eine Opportunistenglatze ging – alt geworden – grimmigen Gesichts herum; da mein alter Freund Hansi Eidlitz, Leidensgenosse aus Widerstandszeiten.
Jeder kennt jeden, jeder erzählt jedem, jeder antwortet jedem, jeder weiß eh schon, was er von jedem zu hören bekommt. Hört sowieso keiner zu.
Dennoch: Heinrich Neisser hat's, so schien es, sehr genossen. Ich hätte ihm ein würdigeres Fest gewünscht. Denn er verdient Achtung und Anerkennung.
Sie merken es, die meine hat er.

Der Anti-Freund

Sind es Jahre oder bereits Jahrzehnte, daß mich ein Anonymus mit seinen haßerfüllten Briefen und Postkarten verfolgt?
„So viele große Künstler müssen sterben, nur Sie, Muliarsch, Sie aufdringliches Luder, Sie leben noch! Wann krepierst Du endlich, Du rote Sau?"
Ich möchte dem Schreiber (oder ist es eine Schreiberin?) für seine Anteilnahme hier erstmals herzlich danken. Denn oft, wenn ich mich nicht wohl gefühlt habe, wenn ich sehr krank war, habe ich mir gesagt: „Werd wieder gesund, lieber Fritz, denn dieses Arschloch *mußt* du überleben."
Seit einigen Monaten herrscht Funkstille, vielleicht habe

ich ihn schon überlebt. Das wäre eine angenehme Gewißheit, zu wissen, daß man manches Würschtl vergessen kann.

Mein bester Freund

Noch nie sind die Fliederdolden so sehr in mein Fenster hineingewachsen wie in diesem Jahr. Schön ist das. Gerade jetzt aber spüre ich: So sehr ist mir mein verstorbener Sohn Hans noch nie abgegangen.
Es gäbe so viel zu besprechen, zu erzählen, zu planen, zu beraten. Seit fünf Jahren ist er nicht mehr auf dieser Welt, dieser Freund Nummer eins. Mein Schmerz wird immer tiefer, immer dumpfer. Ich versuche sogar, Verbindung mit ihm aufzunehmen, es gelingt selten. Doch allein der Versuch tut gut. Die Leere ist dann nicht so schmerzhaft.
Mitunter fürchte ich sogar ein Treffen mit seinem Sohn, seiner Frau. Ich liebe die beiden, aber sie machen die Erinnerung an Hans zu gegenwärtig.

Meine Theaterwelt

Ohne Pathos, weil wichtig

Mein Beruf war mir stets schon Berufung: Was sollte ich mehr darüber sagen? Daß ich ihn immer sehr ernst genommen, daß ich ihn ohne Furcht ausgeübt habe, selten mit Lampenfieber, ich habe den Abend jeweils mehr der Stimmung überlassen.
Jeder Abend, an dem ich gespielt habe, war exakt, aber nie schablonenhaft gleich. Kino läuft stets ganz gleich ab, Theater nie – und auch das ist schön an ihm.
Werner Krauß, Leopold Rudolf und Helmut Lohner sind beispielhaft dafür, daß es stets genauso und dennoch ein bisserl anders sein kann. Otto Schenk merkt man stets – neben aller Exaktheit – die Freude am Spiel an. Nur mit solchen Kollegen spiele ich gerne. Der Blütenstaub muß allabendlich drauf sein, nicht wegexerziert.

Mein Freund Morak

Nun, mitten im heißen Sommer 1995, ist mein Burgtheaterkollege, der Schauspieler Franz Morak, Politiker geworden. Er wurde vom Vizekanzler Dr. Erhard Busek geholt und ist ÖVP-Abgeordneter zum Nationalrat.
Ich mag Franz immer noch sehr, gebe aber zu, daß ich ein bißl irritiert bin, war er mir doch so nahe wie ein Sohn gewesen.
Franz war auch ein Freund meines Ältesten, rückte sogar ein wenig an dessen Platz, als jener meines Hansi für immer leer geworden war.
Wir trafen einander oft, er kam zu mir, öfter noch zu

Hansis Witwe Andrea, klopfte nervös auf den Tisch, blieb eine Stunde lang da, und ärgerte sich stets, wenn ich mich zu einer kurzen Mittagsruhe zurückzog: „Du schmeißt mich raus“, meinte er dann, was natürlich nicht stimmte. Hin und wieder trafen wir einander auch in der Sauna.

Doch beginnen wir die Geschichte von vorne, lassen Sie mich kurz nachdenken, wie alles begonnen hat:

Achim Benning war Direktor des Wiener Burgtheaters. Das Haus war damals noch weltweit höchst angesehen. Seit Peymann kennt man es allerdings im gesamten deutschen Sprachraum.

Das berühmte Ensemble hatte unter Ernst Haeusserman eine Welttournee mehr als erfolgreich hinter sich gebracht, und nun war man in Berlin und Tallin, in Japan umjubelt worden. Man gab die Brecht/Weillsche „Dreigroschenoper“ mit Gertraud Jesserer, der Judith Holzmeister, Blanche Aubry, Heinrich Schweiger, Frank Hoffmann, mir und – Franz Morak. Den Bänkelsänger – „Und der Haifisch, der hat Zähne“ – gab Robert Mayer.

In Tokio: Zehn Vorstellungen mit je 4500 Zuschauern; Osaka, Yokohama, dann Bangkok, Singapur, Hongkong mit bunten Programmen. Mit von der Partie – Susi Nicoletti und Elisabeth Orth. Die Generalaufsicht hatte der unerhört stimmungsfördernde Robert Jungbluth, damals Generalsekretär der österreichischen Bundestheater.

Leopold Lindtberg, einer der letzten der alten Garde großer Regisseure, begann gleich nach dieser Tournee mit den Proben zu Johann Nestroys „Höllenangst“. Ich war der Schuster Pfriem, Franz Morak mein Sohn.

Es war Moraks erster Nestroy an der Burg, und Lindi (wie wir Lindtberg zärtlich nannten) hatte vor der Tournee zu mir gemeint: „Nimm dir den Text mit und schau mit dem Franz hinein. Zeig ihm was, lernt's ein bißl. Du weißt schon, was ich meine.“

Dann waren wir auf dem Flug von Zürich nach Karatschi.

Neben mir schlief Elisabeth Orth, oder sie schaute feuchtäugig durch das Bullauge in die Ferne.
In dieser Zeit hatte ich den ersten Akt auswendig gelernt. Franz Morak studierte ebenfalls, und er war locker, fröhlich und völlig ungezwungen. Wir sprachen viel über „unsere" Höllenangst, man kam einander – dank Jungbluth – näher, wenn Franz auch, logisch, öfter als mit mir mit der Jugendabteilung unterwegs war.
Während der Proben dann, auf dem Lusterboden des Burgtheaters, überraschte er mich vollends: ein überaus Eifriger, ein Ehrgeiziger, ein Brennender war da am Werk, klug seine Rolle sezierend, ein Mann von ungeheurer Präzision. Kein Wunder also, daß er nach drei, vier Nestroy-Rollen als Spezialist für diesen Autor galt und es auch geworden war.
Mir gefiel der skurrile Kerl mit seiner großen Sprechkultur. Und als ich mit meinem Sohn Hans zu einer Autoreise durch Frankreich aufbrach, lud ich Franz ein, doch mitzukommen. Er tat es.
Mit einem roten, langen Charlie-Rivel-T-Shirt und einer halblangen Hose angetan, mit Christus-Patschen an den Füßen, so bestieg er unseren Wagen. In Toulon – wir hatten uns über Marseille bis dorthin durchgefressen – fragte die Pensionswirtin: „Burgtheater, das ist doch so was wie die Comédie française? Und *der* ist dort wirklich engagiert?"
Wir haben herzlich gelacht, und ich habe den Menschen Franz M. tief in mein Herz geschlossen. Ob er das je bemerkt hat?
Auch mein Sohn Hans mochte ihn: Franz war erfolgreich, war lustig, war ewig nervös, ein wenig verbissen und auf eine erträgliche Weise egoistisch – wie wir Schauspieler eben alle.
Als Peymann mit seiner Truppe einrückte, war Morak bald Ensemblesprecher, und er versuchte, den Burgfrieden wiederherzustellen. Es gab Gespräche, etwa mit der

Kulturministerin Dr. Hilde Hawlicek, es kam zu berühmten Handschlägen, doch – zu sonst nichts.
Franz Morak war der erste „Offizielle“, der die administrative Unfähigkeit des damals noch neuen Leiters unserer ersten Staatsbühne verkündete. Gewählt hat Franz – ein echter Wechselwähler – laßt mich mal raten, entweder Rot oder Grün. Er geriet nie in den Verdacht, rechts zu sein, oder gar faschistoid, was ja der Clique rund um Peymann gar nicht unangenehm gewesen wäre. Denn bei denen ist jeder, der sie ablehnt, „ein Rechter“.
Ja, so dumm, so perfide ist dieser Verein.
Manche Printmagazine haben mich den „Mentor“ Moraks genannt, worüber er sich sicherlich geärgert hat und was einfach falsch ist. Morak ist einer, der nie um Rat fragt, dazu mag er zu eitel sein, oder zu stolz, oder zu selbstsicher, ich weiß es nicht. Wir spielten vieles miteinander, er feierte Erfolge in „Arturo Ui“, und er war ein glänzender Ottokar in Grillparzers Drama.
Als mir das Burgtheater (über den Dramaturgen Dr. Blasche, denn mit den anderen mochte ich nicht mehr reden) Felix Mitterers „Sibirien“ anbot, akzeptierte ich sofort, stellte aber die Bedingung, daß Franz Morak die Regie übernehmen sollte. Es gab erwartungsgemäß Widerstand in der Direktion, aber ich blieb fest, und das war gut so.
Franz erwies sich als strenger, genauer und sehr sensibler Regisseur. Ich war stolz auf ihn, als ihm bei der Premiere vehement applaudiert wurde. Sogar Herr Peymann, der sich im Hintergrund des Zuschauerraums verborgen hielt, soll da geklatscht haben – das sei der Gerechtigkeit wegen hier ausdrücklich festgehalten.
Als ich die Burg verließ und in die Josefstadt zurückkehrte, war meine erste Rolle ein gewisser Herr Löwy, meine Partnerin war Elfriede Ott; das Stück hieß „Vermischte Gefühle“, Gerhard Bronner hatte es ins Deutsche übersetzt und für eine Wiener Bühne eingerichtet. Auch hier setzte ich, mit Unterstützung des Direktors Robert Jung-

bluth, den Regisseur Franz Morak durch. Man akzeptierte seine Leistung, obwohl ein Mitglied der Führungsetage meinte: „Ob der für unser Haus der Richtige ist, ein Revolutionär?“
Ich konnte dazu nur lachen.
Und heute – Franz Morak, der Politiker, der Abgeordnete, der Parteidisziplinierte!
Doch ich bin zuversichtlich: Franz wird sehr bald wieder Theatermensch sein. Er hatte mit „Sibirien“ einen wichtigen Filmerfolg. Er wird merken, auf welch schwankendem Boden Politik stattfindet, nicht gut für einen, der gerne festen Stand hat . . .

Und nun zu einer mir wichtigen Nebensache: Warum müssen sich Frauen und Männer so sichtlich verändern, wenn sie ein politisches Amt annehmen? Was zieht da ein in die Hirne, in die Herzen? Natürlich gibt es von dieser Regel auch Ausnahmen: denken wir etwa an die Diplomaten Kreisky und Erich Bielka, an den alten Handelsminister Josef Staribacher, an den linken Vielleicht-Parzival Caspar Einem.
Der Franzl Morak aber scheint mir keine solche Ausnahme zu sein.
Ich habe einmal geschrieben, daß ich ihm rate, nicht Politiker, sondern Parlamentarier zu werden, einer mit freiem Sinn und freiem Mandat, wobei beide Begriffe gleichwertig sind. Denn der Klubzwang ist der Totschläger des Parlamentarismus und demokratiefeindlich. Der Klubzwang führte zur Wahl des Dritten Nationalratspräsidenten Wilhelm Brauneder.

Also, der Franz Morak, Freund und Begleiter, Sohnersatz und ganz lieber Kollege, ging in die Politik. Bernhard Görg von der Wiener ÖVP und Erhard Busek holten ihn als Kulturwunderwuzi, und viele freuten sich darüber, auch ich. Denn es gibt ja in der Politik einige, die dorthin vom

Theater her kamen, und manche veränderten ihre Welt: Karol Wojtyla, Ronald Reagan, Fidel Castro, die Gattin Mao Tse-tungs. Warum also gerade Franz Morak nicht?
Nun weiß ich, daß man als angehender Parlamentarier viel zu tun hat, Leute kennenlernen und besuchen, und ständig darauf Bedacht nehmen muß, daß einen keiner so schnell aufs Glatteis führt. Aber wo steht denn geschrieben, daß man seine alten Freunde im wahrsten Wortsinn links liegenläßt? Zu Weihnachten, zum Geburtstag: kein Gruß mehr, kein Telefonat, kein Servus. Nach vielen Monaten – und einer schweren Operation – nur ein Anruf, ein Besuch – dann wieder Funkstille.
Nicht, daß ich das zum erstenmal erlebe: Doch ich will den Damen und Herren in den politischen Gremien endlich klarmachen, daß, wenn schon nicht Herzlichkeit, so doch mindestens Höflichkeit eine Facette politischer Kultur sein sollte.
All das, was ich hier denke, spricht dafür, daß ich meinen Exkollegen trotz allem selbstverständlich zu meinen Freunden zähle und ihn nach wie vor sehr mag.
Denn es ist schon so, daß es für einen relativ jungen Mann schwierig ist, mit einem Alten, wie ich einer bin, umzugehen, solch eine Freundschaft auch zu pflegen. Aber es ist möglich, was an ähnlich gelagerten Freundschaften nachweisbar ist, wie etwa an der zu meinem Arzt Professor Wolfgang Hinterberger, oder an der zum Röntgenologen Professor Hruby und zu meinem Apotheker Alfred Mayerhofer.
Und, von wegen Egoismus – da kann ich vieles verstehen, bin ich doch selbst nicht frei von dieser freundschaftenzerstörenden Eigenschaft. Also, ich habe weiterhin Hoffnung.
All meine guten Gedanken begleiten dich, Franz Morak.

Diese Geschichte erlebt natürlich ständig Fortsetzungen, Gott sei Dank.

Morak hat den Fünfzigsten, zu dem ich ihm alles erdenklich Gute wünsche. Vor ein paar Wochen hat mich ein sehr erfolgreiches Publikumsmagazin gefragt, ob ich mir Franz als Wiener Kulturstadtrat vorstellen könne. Ich habe jeden Kommentar abgelehnt, was mir heute leid tut. Denn der liberale Busek-Mann ist für viele Positionen geeignet, und selbstverständlich auch für jene des Kulturstadtrats. Nur: Er fehlt mir halt weiterhin sehr am Theater . . .

Die Kulturjournalistin

„Es kommt auf, es kommt auf", ruft in Nestroys „Beiden Nachtwandlern" der Einbrecher. Das fällt mir just heute ein, da ich höre, daß am Burgtheater die Brecht/Weillsche „Dreigroschenoper" neuinszeniert würde. Denn für die Darstellung des Peachum – Adolf Dresen hatte inszeniert – habe ich im Jahre 1978 die angesehene Josef-Kainz-Medaille erhalten. Meine Freude war groß, als mir mitgeteilt wurde, daß ich der Geehrte sei; sie wurde aber etwas getrübt, als man mir erzählte, eine Jurorin habe dagegen votiert. Jedoch, so meinte mein Gewährsmann, zur Strafe sei sie nun dazu verdonnert worden, die Laudatio auf mich zu halten.
Und so geschah es auch. Am Tag der Überreichung – sie ereignete sich im feierlichen Ambiente des Wappensaals im Wiener Rathaus – mußte die Dame (übrigens eine attraktive, gescheite Frau) Lob und Ehr über mich ausgießen. Und sie tat es auch – überzeugt. Man glaubte ihr jedes Wort.
Und da saß ich nun vor ihr in meinem goldenen Sesselchen, lauschte ergriffen und dachte, wenn die Frau Doktor Kathrein wüßte, daß ich weiß . . .
Ja, es war vergnüglich, äußerst vergnüglich!
Noch heute, wenn ich dieser Dame ansichtig werde (sie

war, neben dem damaligen Minister Zilk, der Kritikerin Sigrid Löffler, dem Kulturjournalisten Heinz Sichrovsky und der Stadträtin Ursula Pasterk –, eine der Peymann-VerursacherInnen), muß ich lachen. Doch inzwischen ist sie nachdenklicher, ja hellsichtiger geworden.
So lieb sind die immer alle, und so konziliant. Denn sie wissen nicht, daß Wien eine Stadt mit großer Tratschtradition ist. Dabei sollten sie's doch ahnen, sind sie's doch selber, die Wellen machen, um dann über sie zu berichten.
Richtig, es wird überall gelogen, aber nirgendwo kommt's so schnell heraus wie in Wien. Peymanns Vertrag war längst perfekt, als mir der Minister mit treuherziger Miene erklärte: man berate noch eifrig, suche noch, verhandle mit geeigneten Persönlichkeiten. Schmus, sagt man dazu hierzulande, oder auch Schmäh. Nun, ich hatte lange vor diesem Gespräch erfahren, wie die Dinge wirklich gelaufen waren, und amüsierte mich königlich, wenn mir unverfroren mitten ins Gesicht Unwahrheiten gesagt wurden.
Ich habe mich früh gegen Herrn P. ausgesprochen. Geschickt war das sicherlich nicht, da stimmen Sie mir doch zu, oder?

Import aus Bochum

Eingefädelt haben ihn vor allem ehemalige und derzeit noch aktive Journalistinnen, den Transfer des Bochumer Intendanten nach Wien: die Pasterk, die Kathrein, die Löffler. Wir waren ja erst vor ein paar Zeilen dort.
Sie und einige andere – so stellt es sich mir immer klarer dar – haben dem damaligen Bundesminister für Unterricht zugeredet, die Wiener Theaterszene müsse völlig erneuert (ich interpretiere: also zuerst zertrümmert) werden. Der Bochumer Intendant (in Deutschland heftig um-

stritten) wäre ein dafür bestens geeigneter Bulldozer. Der zeige auch, wenn es darum ginge, österreichische Identität zu zerschlagen, keinerlei Hemmungen.
Bei Achim Benning, Peymanns Vorgänger, hatte diese Entwicklung – noch relativ sanft – eingesetzt. Damals fiel das Vorhangverbot per direktorialer Weisung – als Anachronismus. Der „Fetzen“ sollte künftighin endlich aufgehen dürfen, um Dankesbezeugungen des Publikums zu honorieren, eine Veränderung, die selbst von der so klugen und tapferen Erika Pluhar begrüßt wurde. Aber, Schwamm drüber, Schauspieler tragen in sich eine biologische Applausgeilheit. Mir und uns, den Gegnern dieser Anordnung, war damals schon klar: das ist nur der Anfang einer nicht absehbaren Entwicklung weg von einer zweihundertjährigen Tradition.
Um diese Veränderungen einzuleiten, wäre kaum ein Österreicher zu haben gewesen. Also mußte man jemanden von „draußen“ auf den Burgthron hieven, einen, der sich was traut. Und getraut haben sich hier manche der begehrten Kultfiguren immer viel. Sie waren ja stets durch gute Verträge abgesichert und konnten mit der vollen Unterstützung ihrer Erfinder, ihrer Auftraggeber, rechnen.
Der damalige Unterrichtsminister Dr. Helmut Zilk beantwortete die Frage, mit wie vielen neuen Mitarbeitern Peymann in Wien einziehen würde: „mit vieren“. Rechnet man heute nach, wird man auf Dutzende kommen. Nichts geändert hat sich bei der Besetzung des Toilettenpersonals. Aber selbst den Abendbilleteuren wollten sie die Uniformen nehmen. *Oller Quark das.*
Hinter den Kulissen allerdings, in der Dramaturgie, im künstlerischen Betriebsbüro, da wurde in einem anderen, einem neuen, einem sehr selbstherrlichen Deutsch gesprochen.

Stunden voller Traurigkeiten

Daß nun auch die unersetzbare Inge Konradi von der Bühne abgedrängt wurde, ist Anlaß, wieder einmal darüber nachzudenken, wie denn mit unverwechselbarer Schauspielkunst austriakischer Prägung umgegangen wurde und wird, und etwa die Frage zu stellen: Was hatten Leopold Lindtberg, Fred Liewehr und unser großartiger Betriebsratsobmann und Ober-Inspizient am Wiener Burgtheater, Karl Navratil, gemeinsam?
Antwort: Sie alle starben unglücklich, todtraurig, tief gekränkt und schonungslos gedemütigt. Sie starben, so glaube ich fest, an gebrochenem Herzen, am Untergang ihres/meines Burgtheaters, das es so nicht mehr gibt.
Heute noch, viele Jahre danach, packt es mich, wenn ich daran denke: wie der legendäre Leopold Lindtberg in meine Garderobe kam, mit Tränen in den Augen, und sagte, man habe keine Verwendung mehr für ihn. Da saß dieser berühmte Mann zitternd da, sagte: „Stell dir vor, Fritz, man braucht mich nicht mehr, man läßt mich nicht mehr inszenieren . . . Bin ich – zu alt? Was soll ich denn tun?"
Alt, nein, einundachtzig Jahre jung. Ein großer Künstler. Oder war etwa der alte Goethe zu alt, um seinen zweiten Faust zu schreiben?
Lindtberg war agil wie ein Fünfzigjähriger, war mehr als klug, war mehr als gescheit, war weise. Ein Mann mit Stil, Takt und Eleganz. Er war, bringen wir's auf den Punkt: er war *jenen* zu vornehm. Mit so einem können Ungezogene nichts anfangen. Wie alle, die es nie gelernt haben, Achtung zu haben.

Fred Liewehr, Held des Burgtheaters und Schwarm aller Damen dreier Generationen, Fred Liewehr war alt geworden, man wollte also dem Doyen des Hauses eine Freude bereiten und beschloß, sein Bild im Rahmen eines Festakts in die Ehrengalerie des Burgtheaters aufzunehmen.

Die Feier fand statt. Der alte Herr wurde an seinen Platz geleitet, Lotte Ledl sprach rührende Worte, dann der Dramaturg Gerhard Blasche, Minister Scholten. Im Auditorium die Judith Holzmeister, Rudolf Steinböck, Michael Janisch, die Jesserer, der Heltau, der Werner Schneyder, die Annemarie Düringer, alle, alle, alle . . .
Es war gleichsam ein letztes, ein allerletztes Treffen unseres Ensembles. Nur einer fehlte, der Direktor. Denn Claus Peymann war unabkömmlich, hatte eine wichtige Besprechung – in einem anderen Raum des Hauses. Kam nicht, brüskierte auch das Denkmal Liewehr.
Fred hat das selbstverständlich durchschaut, und er starb als persönlich tief Gekränkter, aber auch in der Erkenntnis, daß *sein* Burgtheater vor ihm gestorben war.
Wir wissen um die Tatsachen. Und wir werden dich, lieber Freddy, nicht vergessen, sondern dich und deine Kunst im Herzen bewahren.

Karl Navratil war Inspizient und leidenschaftlicher Betriebsratsobmann am Burgtheater: Er kämpfte, er beschwor, er deckte auf. Ein Sozialdemokrat der wahrhaftigen Schule, vom besten also.
Als ihn das sozialistisch geführte Unterrichtsministerium und die sozialistisch geführte Gewerkschaft hängen ließen, emigrierte er aus seiner sozialdemokratischen Heimat, trat aus der Partei seines Lebens aus.
Navratil kämpfte um und für jedes Mitglied unseres Theaters, das willkürlich entlassen werden sollte; wollte, daß man Schauspielern, die mehr als zehn Jahre am Hause geblieben waren, die Treue hielte.
Aber eines Tages hatte er es satt, stets als Petent abgefertigt zu werden. Er wußte zuviel, und er hatte alles gegen diese Entwicklung zu tun versucht. So wußte er etwa, daß die berüchtigte Probebühne bei weitem mehr kosten würde als die öffentlich zugegebenen neunzig Millionen Schilling. Recht hatte er.

Er war verzweifelt, und er ging. Übergab dem kompetenten Götz von Langheim sein Amt und arbeitete als Pensionist weiter, wollte „sein“ Haus retten.
Nix is’. Auch die damalige Unterricht-und-Kunst-Ministerin, Hilde Hawlicek, hatte zwar ein mildes Lächeln für Navratils Besorgnis übrig, hielt sich im übrigen aber an den Herrn Direktor und ansonsten bedeckt. Ich dachte damals oft: Was ist denn in diese Leute gefahren, die müssen doch wissen, daß all dies demnächst explodiert! Daß „das Volk“ alles erfahren wird: von diversen Dienstfahrten und sonderbaren Familienengagements. Von den von größenwahnsinnigen Regisseuren herbeigebrachten Requisiteuren (Rechnungshof!), wie auch von unzähligen Assistenten und Dramaturgen.
Und, weiß das Publikum denn auch, daß es an unserem Theater Dolmetscher gab, die zwischen dem Regisseur und dem Ensemble Verständigungsprobleme zu meistern hatten? Navratil wußte. Das Ministerium wußte. Der Rechnungshof wußte und reagierte. Und wurde gehöhnt, heruntergespielt.
Frage: Warum braucht der Direktor der Burgtheaters ein Dienstauto? Die Frage des Chefinspizienten blieb ohne Antwort. Karl Navratil – Ironie des Schicksals – starb vor dem Burgtheater. Er wollte etwas vom Bühnenportier abholen, es wurde ihm übel, er brach zusammen, starb nicht im, starb angesichts des Burgtheaters.
Ja, es mag schon richtig sein: daß man das Burgtheater nicht so wichtig nehmen sollte zu einer Zeit, in der Hunderttausende von Kindern weltweit Hungers sterben, in der in einem südlichen Nachbarland unserer Heimat ein wilder Bruderkrieg tobte ... Dennoch, viele von uns Schauspielern dieses Hauses nehmen eben dieses Haus so ernst, weil es *unsere* und *unseres* Publikums über alles geliebte Heimat ist. Wir versuchen zu retten, was noch zu retten ist, obwohl wir wissen, daß auf Sicht nichts mehr zu retten ist.

Es gibt an diesem Hause kein Ensemble mehr, das Burgtheater hat seine Identität verloren, ist nicht mehr jenes unverwechselbare Welttheater, das es jahrhundertelang gewesen ist, es könnte, so wie es sich eben darstellt, überall situiert sein: in Düsseldorf, in Mainz oder in Leipzig, am besten wohl in Bochum.
Ich bin relativ kurz in diesem Haus gewesen, zwanzig Jahre, und bin stolz, auch Ehrenmitglied dieses meines Burgtheaters zu sein: Aber ich bin tief traurig, wenn ich an sein Schicksal denke.
Jedoch, wir sind halt alt geworden, die Judith Holzmeister und die Inge Konradi, der Erich Auer und der Wolfgang Hübsch und ich selbst: Und die Jungen, auch schon um die Fünfzig: der großartige Karlheinz Hackl, der Erzkomödiant Erwin Steinhauer, die geliebte Jesserer, mein Franz Morak: jetzt auch in der Josefstadt, in der Politik . . .
Im ersten Stockwerk unserer Hauses mag man sich ins vergoldete Fäustchen lachen. *Olle Kamellen beseitigt, Stadttheater errichtet, Aufgabe erfüllt.*
Den neuen Kollegen ist keinerlei Vorwurf zu machen, nicht dem wichtigen Gert Voss, nicht der großartigen Kirsten Dene, und nicht dem wesentlichen Schauspieler Herrn Buhre, Peymanns Traugottchen. Es ehrt sie, daß es für sie alle auch heute noch eine große Freude ist, an diesem Hause zu spielen. An ihnen liegt es nicht.
Ich aber bin neugierig darauf, ob es je einem Politiker einfallen wird, die Schuld an dieser Entwicklung in seinem eigenen Bereich zu suchen. Man könnte mehrfach fündig werden.

Geschichten vom Dr.-Karl-Lueger-Ring

Eine Geschichte: Die neue Probebühne des Burgtheaters, dieser Millionenzauberkasten, steht fertig da, ist eröffnet. Dafür wurde von September bis Mitte November '95 im

großen Haus am Ring nicht gespielt, denn der prächtige Semper- und Hasenauer-Bau wurde total renoviert.
Und wo spielten da die vielen Schauspieler? Auf der Probebühne? Leider nein. Denn diese so fabelhafte, so hoch gepriesene Probebühne eignet sich nicht als Ausweichquartier fürs Publikum.
Dann war sie leider falsch geplant, möchte man meinen.
Gegenfrage: Was ist am zertrümmerten Nationaltheater dieser Republik schon richtig geplant? Außer der Skandalreklame der Führungsmannschaft, die sich selbst stets als *die Beste* bezeichnet.
Das erinnert mich an den einen Meter zweiundvierzig kleinen Schauspieler der Zwischenkriegszeit, Rudi Merstallinger, der stets von sich behauptete: „I' bin da Größte!!"
Ich blättere eben im Buch „Das Wiener Burgtheater" von Ernst Haeusserman. Welche Stücke waren in den sechziger und siebziger Jahren im Repertoire? Wer spielte an diesem Haus damals welche Rollen? Jeder, der sich daran zurückerinnern kann, faßt es nicht, welche großen Theaterpersönlichkeiten, auch was ihre Anzahl betrifft, damals wie selbstverständlich bei uns zu Hause waren. Inszenierten. Und spielten!
Neben Ewald Balser, Josef Meinrad und Alma Seidler, nur einige wenige der Giganten des Ensembles, wirkten an diesem Hause Ernst Deutsch, Oskar Werner; Theo Lingen, Hermann Schomberg. Da gab es den Shakespeareschen Königsdramenzyklus, den Antiken-Zyklus Gustav Rudolf Sellners in Bühnenbildern von Fritz Wotruba, den von Oskar Kokoschka ausgestatteten Raimund-Zyklus. Am Programm standen selbstverständlich die Österreicher Hofmannsthal, Nestroy, Csokor, Max Mell und Hochwälder, Harald Zusanek: österreichisches Welttheater. Und internationales: von „Peer Gynt" über Tom Stoppards „Rosenkranz und Güldenstern" bis zum „Marat" von Peter Weiss.

Ein Blick in ein paar Jahre nur. Und in den Direktionen vorher und nachher ging's nicht unfeiner zu. Damals.
Aber heute? Wie meint schon der deutsche Denker Schleiermacher: „Schweigen wir in sieben Sprachen darüber."

Eine zweite Geschichte: Wieder einmal hat der Möchtegern-Österreicher auf dem Burgtheater-Direktionssessel, Claus Peymann, ein Interview abgesondert. *Österreich, das ganze Land eine Operette, sich ständig selbstzerstörend.*
Er hat großen Schauspielern, wie etwa Klaus Maria Brandauer, die dort willens des Publikums Erbpacht hätten, Künstler wie Kirsten Dene, Gert Voss und Martin Schwab vorgesetzt: Nichts gegen diese Künstler, aber alles gegen den unsensiblen Umgang mit einem Künstler.
Der darf uns ungestraft einen Operettenstaat nennen, dieser gut bezahlte Angestellte dieses Operettenstaates. Eine Schande, daß weder der Kunstminister noch der Bundestheater-Generalsekretär den Sudelknaben zurückgepfiffen haben. Letzte Warnung.
Oh nein, doch nicht? Frau Dr. Hilde Hawlicek, eine begnadete Rock-'n'-Roll-Tänzerin und nicht ganz so begabte Ex-Unterrichtsministerin, hat Meinung abgegeben: Man dürfe nicht alles, was Künstler so sagen, auf die Goldwaage legen. Denn Künstler haben ja eine eigene Ausdrucksweise.
Stimmt das etwa auch für Ex-Ministerinnen?
Nicht genug, daß dieser Herr unser Land am laufenden Band beleidigt. Auch mit seiner Kunst scheint's nicht mehr weit her zu sein. Dafür ist er in zunehmendem Maße in der Seitenblicke-Gesellschaft zu finden, lernte für den Opernball sogar Linkswalzer. (Karl Farkas hätte gesagt: „No, Rechtswalzer wird er tanzen.")
Aber wir werden uns den Spaß an der Freud' nicht verderben lassen, so wird auch diese seine Provokation ein Rohrkrepierer bleiben.

Lotte Tobisch, verdiente Ballmutter und Dame von Welt, hat versucht, ihn mittels eines offenen Briefs von seiner Absicht abzubringen. Er hat wieder einmal nicht verstanden, drängt sich abermals auf.
So wie er immer wieder versucht, die österreichische Staatsbürgerschaft zu ergattern, obwohl er weiß, daß die Zahl der Bürger dieses Landes, die sich ihn zum Landsmann wünschen, mehr als überschaubar ist. Eigentlich eine Figur, die unser Mitleid verdient.
Er mag sich in der Nacht oft im Bett wälzen, weil auch seine sichtbare Eitelkeit leidet. Der Chaot mit Intelligenz sieht und hört und fühlt. Ich weiß daher nicht, ob er mir leid tun soll, oder ob ich mich wegen des Eintreffens meiner Voraussagen freuen soll. Ich weiß es im Augenblick nicht, werde mir aber die Sache wohlwollend überlegen.

Und ein drittes Histörchen, in dem der Herr Direktor nicht einmal eine Nebenrolle spielt: Da reibt die Kulturschreiberin Sigrid Löffler wieder einmal ihren alten Peymann-Kren. Die an seiner Bestellung Mitverantwortliche/Mitschuldige ist inzwischen so quartettverpreußt, daß sie „schon gar nichts mehr auf die Reihe kriegt". Diese Frau Löffler schreckt auch nicht davor zurück, einem Toten gleichsam ins Grab nachzuspucken, nämlich Hans Weigel.
Es „kotzt mich einfach an", daß sie jedermann, der gegen Peymann anrennt, als konservativ, bandelkramerisch und verzopft einstuft. Dazu fällt mir nur ein: So links, sehr geehrte Frau Löffler, so links, wie Sie sich sehen, war ich in meinen rechtesten Tagen, und so links wie der C. P., so links mag ich wirklich nicht sein. Denn ich kann immer noch gut unterscheiden zwischen links und links-vortäuschender rötlicher Bemalung, hinter der brutales Kalkül hervorlugt.
Man ist auch nicht rechts oder gar schon faschistoid-monarchistisch, wenn man öffentlich darauf hinweist, daß da

ein Populist aufgetaucht ist, der ein einst gut geführtes Theater parterre geleitet hat.
Gehen Sie, Frau Löffler, doch einmal ins Burgtheater und hören Sie sich dort bei den Menschen um, aber nicht bei den „Neuen“, sondern bei jenen, die dieses unser Burgtheater lieben. Auch bei den Technikern, den Beleuchtern, den Maskenkünstlern.
Machen Sie Ihre Ohren gut auf, dann werden Sie hören: Wir bereuen, einst dafür gewesen zu sein.
Dieses Verhalten hat nichts mit Konservativismus zu tun, es sei denn, Sie sind so überheblich, alles, was nicht Ihrer Meinung ist, als konservativ anzuprangern.
Das kann ich mir, können sich viele nicht wirklich vorstellen, ist doch Ihre persönliche Ausstrahlung mehr als konservativ. Oder irren wir uns da?

PS zu C. P.: Jetzt, da immer mehr Menschen in dieser Stadt wissen, daß „die Miesmacher und Lügenverbreiter“ (O-Ton C. P.) recht behalten haben, jetzt klammern sich die Erfinder des Ringstraßenflops erst recht an ihn, denn sie ahnen, was geschehen wird, wenn erst einmal diese Wanderdirektion wieder abgezogen sein wird. Dann wird es viel berichtenswerten Stoff für die Medien geben. Nicht nur die Geschichte des Luxusgebäudes Probebühne mit dem Peymann-Erinnerungs-Bäumchen im Hof.
Verschwendung, eitle Fehldisposition, gebrochene Versprechen: „Wenn ich nicht verlängert werde, gibt's keinen ‚Faust‘.“ Zweimal wurde verlängert, den „Faust“ gibt's bis heute nicht.
Aber, wer erinnert ihn denn schon an seine Ankündigungen?
Er wollte österreichischer Staatsbürger werden, um – wie er sagte – Vranitzky zu wählen. Das hat der Kanzler nicht verdient.
Nachtrag: Eine Episode: Ich rufe im Burgtheater an, verlange Herrn Beil. Leider, ist in einer Sitzung. Wie lange?

Etwa noch zwei Stunden. „Er soll mich anrufen morgen, gegen zehn.“
„Gut“, meint die Dame, „sag ich ihm! Tschüß.“
Ein kleines Versehen hat sich eingeschlichen, die Dame hat nicht nach meinem Namen gefragt. Und daß man mich im Burgtheater an der Stimme erkennen soll, davon gehe ich derzeit nicht aus.
Wen also wird Herr Beil morgen um zehn Uhr anrufen?

Offener Brief an Lotte Tobisch
A star was born

erschienen in der „Furche“

Liebe Lotte Tobisch!
Was tust Du ihm an, was tust Du uns an? Warum machst Du ihn zum Märtyrer? Warum? Im Fernsehen habe ich mir (in Kultur Zehneinhalb am 13. November, nebenbei ein schwarzer Tag für den Großraumchaotiker) vom amtierenden Burgtheaterdirektor Claus Peymann anhören müssen, daß ihn Jörg Haider und all die Rchten (wie Busek, Morak und Gexi Tostmann, nebbich) nicht so sehr in Panik versetzen können wie der Gedanke, daß er ein Dir vor Jahren gegebenes Versprechen einlösen muß und in dieser Saison beim Opernball zu erscheinen hat. Nicht, daß er nicht schon manchmal ein gegebenes Versprechen nicht eingehalten hätte, aber bitte zwing ihn nicht! Entbinde ihn großzügig, bitte! Mach ihm und uns diese Freude! Er würde sich in Frack und weiße Weste gepreßt nicht wohl fühlen – Du weißt, er repräsentiert im schwarzen Ruderleiberl –, und wir?
Schau, da hängen wir mit feuchten Augen am Eröffnungsteam, erfreuen uns wienerischer Musik in unserem Opernhaus, wiegen uns träumend im Takt der Walzer. So, wie es eben wir, die Kleinbürger dieses „Scheißösterreich“, tun. Wie sollte er uns verstehen, uns Rechte wie

Meyer, Morak, Busek und mich. Er würde doch auch dort als Fremder herumstehen und wäre dann mitleidigen Blicken der „Konservativen“ ausgesetzt. Er könnte dort dem Antal Festetics, dem Johannes Kunz und wie sie alle heißen, begegnen. Vielleicht hätte er Angst, daß ihn einer anrempelt oder gar attackiert.
Einer von uns, die wir doch alle Faschisten in seinen Augen sind. Vielleicht würde er dort dem Gewalttäter Michael Heltau Rede und Antwort stehen müssen. Mindestens drei bis vier Schließtage der Burg wären die Folge, und das wollen wir doch verhindern. 60 solche pro Jahr genügen wohl. Laß ihn doch aus seiner Zusage aussteigen, bitte, erspare uns seinen und ihm unseren Anblick.
Er möge, so solltest Du ihm raten, den „freien Abend“ dazu benützen, endlich den uns vor Jahren versprochenen Faust des Herrn Goethe vorzubereiten. Schließlich war seine Vertragsverlängerung Nr. 1 die Bedingung für die Neuinszenierung dieses Werkes. Geh, Lotte, sei g'scheit. Der G'scheite gibt übrigens nach, und Du bist doch weitaus gescheiter als – nein, nix gegen den Plauderer des Dampfes, aber weil es wahr ist. Bei aller EU-Offenheit, bleiben wir doch unter uns. Und wenn er will, wenn er unbedingt irgendwie dabei sein will, soll er den Opernball des Dichters Haslinger studieren, aber nicht unseren. Ich umarme Dich und schaue Dir flehentlich in die Augen und bitte Dich um die Erfüllung meines Wunsches.

Mit Handkuß, Dein Fritz.

Gutes Benehmen färbt ab. Schlechtes auch.

Sie heißt Maria, wird Muckl gerufen, ist 87 Jahre alt und eine echte Baronesse. Wir kennen sie über die Mutter meiner Frau, die einst bei den Sommarguras als „Französin“ zur Betreuung der kleinen Maria engagiert war.

Die Beziehung war über viele Jahre nie abgerissen, wurde aber intensiver, als sich meine Frau immer öfter der alten Dame, die in Reichenau an der Rax alleine lebt, erinnerte. Einmal also mußte auch ich dort meine Aufwartung machen, und – es war Liebe auf den ersten Blick. Denn diese liebenswerte Frau strahlt alles aus, was dieses alte Österreich gewesen sein mag (Sie wissen, daß ich Monarcho-Republikaner bin?).
Und da waren weiters: altmodisches Ambiente, gediegene Möbel aus der Jahrhundertwende, selbstverständlich Silbergeschirr. Und: in aller Einfachheit, in aller Bescheidenheit, wird gutes Benehmen praktiziert. Wie das gleich abfärbt! Auch auf mich, der ich sonst eben wesentlich rauheren Sitten huldige, mit Maßen natürlich.
Bei Muckl, der Maria, liegt der von mir so gerne praktizierte Handkuß in der Luft, ihre gewählte Ausdrucksart ist die ruhige Konversation, nicht so, wie es andernorts heute üblich ist.

Und jetzt kommt der große Sprung unter die kalte Dusche. Weit weg von Muckl, tief hinein in die Burgtheater-Wirklichkeit. Ich sitze im bekannten Ufergasthaus in Orth an der Donau, wo alljährlich das traditionelle Fischessen des Burgtheaters stattfindet. Eine junge Kollegin hatte dorthin ihren Freund mitgebracht, ebenfalls Gast des Betriebsrates. Er saß neben ihr.
Ich ging hin, begrüßte sie, wollte ihn grüßen. Doch er drehte sich wortlos um, wandte mir den Rücken zu. „Wozu *den* grüßen“, hat er später gemeint, „ich kenne den ja nicht.“
Traurig, daß diese Unsitten auch schon bis an die Pforten des einst hehren Burgtheaters dringen, von dessen Ensemble der Hof Manieren gelernt hat. Da es sich nicht um den berühmten Einzelfall handelt, sondern um bereits typisches Verhalten, werden sich so Kultur und Kunst nicht tradieren lassen. Das soll einmal ausgesprochen

sein, schon damit nicht einmal einer behauptet, man habe auf diese Entwicklung nicht aufmerksam gemacht.
Zunehmendes Rowdytum in einer Zeit, in der auch Blut-und-Boden-Bewegungen wieder Zulauf haben, in der man sich wieder Schmucknarbenträgern anschließt: Fällt dieses Zusammentreffen mehrerer Voraussetzungen, die schon einmal zum Unglück geführt haben, denn kaum jemandem auf?
Diesmal oute ich Claus Peymann nicht als Verursacher.

Sieht Herr Scholten einen Eisberg?

Im rosafarbenen „Standard“ lese ich, daß Claus Peymann dem Herrn Minister Scholten die Möglichkeit andeutet, seinen Vertrag zum drittenmal und über 1999 hinaus zu verlängern.
Was wird man gegen diese Drohung unternehmen?
Wenn Herr Dr. Scholten nicht davon zu überzeugen ist, daß Herr Peymann endlich weggeschickt werden muß, so muß man die Wähler auch seiner – und meiner – Partei davon überzeugen, daß es dringend geboten erscheint, Herrn Scholten wegzuschicken. Tut mir leid, so was sagen zu müssen, weil ich Minister Scholten sonst sehr mag.
Bleibt nur zu hoffen, daß sich der Kanzler diesmal gegen seinen Kunstminister durchsetzen kann und daß er unser aller SOS-Rufe hört.
Das Schiff sinkt, den Kapitän hat's auf einen Eisberg gesetzt.
SOS.

Von Tempo- und Qualitätsfragen

Schiflug am Kulm hin, Thomas Muster her, Sparpaket und Lieber Augustin für die Wiener Philharmoniker: Das alles

ist nichts gegen das Wunder, das sich heute im ORF für mich ereignet hat. Unser Fernsehen spielte heute zur besten Sendezeit einen österreichischen Film mit österreichischen Schauspielerern. O Wunder, o Freud'. Glänzend gemacht, und ein Beweis dafür, daß auch bei uns und in unserer Sprache und mit weitgehend unbekannten Schauspielern Großartiges machbar ist.
Ich war hingerissen, begeistert, glücklich. Wir haben's wohl schon immer besser gekonnt, wenn man uns nur gelassen hat.
Beweis: Fritz Eckhardts „Tatort"-Folgen. Allein in dieser: die Mangold, die Gretl Schörg, der Heinz Ehrenfreund, der Hans Obonya, der Heinrich Schweiger, und zum Eckhardt der großartige Kurt Jaggberg.
Wenn ich das so sehe, denke ich mir: Kruzitürken, warum haben wir uns das alles gefallen lassen, daß man auch am Theater all das beiseite geschoben hat und uns diese „parlwaiß"-Theatralik vorgesetzt hat.
Sind doch ganz einfach Würschteln, Theaterleute, die an einem Stück sieben bis acht Monate herumprobieren, ob das geht, oder vielleicht auch das, und alles mit Ästhetik und Intellektualismussuche, so daß jeder nur glauben kann: Genialität könne halt nur langsam daherkommen.
Gegenfrage: Wie lange hat Nestroy an einem Stück geschrieben, wie lange hat Mozart an einer seiner unsterblichen Opern komponiert? Von einem – für damalige Begriffe langsamen – Max Reinhardt, einem Josef Gielen, einem Leopold Lindtberg will ich hier gar nicht reden.
Alles ist in den vergangenen Jahrzehnten schneller geworden und präziser: Computer, Handy, die Concorde. Nur die Schauspielkunst, das Regietheater, zieht sich wie ein Strudelteig, oder ein ausgewachsenes Eslein-streckdich.
Wenn Brecht so langsam gedichtet und Kurt Weill so langsam komponiert hätte wie die selbsternannten Genies heute ihre Werke in Szene setzen, dann wäre Brecht nie

bis zur „Mutter Courage“ gekommen, der „Puntila“ und der „Arturo Ui“ hätten nie das Licht der Welt erblickt. Deshalb hat mich der Film der Hurmer-List-Produktion so gefreut. Denn da waren Profis am Werk.

Sein unmöglicher Traum

Heute ist der 21. Februar 1996. Wir sind sehr traurig. Der große Josef Meinrad ist tot. Wer ihn in den letzten Monaten im Fernsehen gesehen hat, der mußte in sich Angst aufkommen spüren, daß er nicht mehr lange leben würde: zu mager, zu müde war er, sichtlich gezeichnet von schwerer Krankheit, der Volksschauspieler der Nation.
Ich habe Pepi – so nannten ihn seine Freunde – im Jahre 1940, knapp bevor ich zur Deutschen Wehrmacht einrückte, im legendären „Wiener Werkel“ in dem ebenso legendären Stück „Die Tokioten“ von Fritz Eckhardt und Franz Paul kennengelernt. Befreundet war ich mit dem Josef Meinrad leider nie.
Nach dem Krieg habe ich ihn aus den Augen verloren und erst wiedergefunden, als wir im Salzburgischen gemeinsam den Operettenfilm „Der fidele Bauer“ drehten.
Und dann kam das Ereignis „Mann von La Mancha“, neben „Hadrian VII.“ und dem Raimundschen Valentin (am Wiener Burgtheater) wohl seine bedeutendste Rolle. Er spielte ihn nicht, er war Don Quixote: Er sang, schrie, flüsterte nahezu entrückt, wie in Trance.
Wir spielten das Musical zirka hundertmal miteinander, in Wien, in Berlin – ich war sein Diener Sancho, und Tag für Tag rannen mir bei seiner Sterbeszene die Tränen über die Wangen.
Da war ich diesem sonst so verschlossenen, stillen und in sich zurückgezogenen Menschen nah und verbunden wie nie zuvor und nie nachher: Der Pepi Meinrad war ein großer Schauspieler, ein begnadeter Künstler.

Der Kritiker Paul Blaha schrieb einmal als Überschrift eines Artikels: „Habemus Pepi". Wir hatten.
Und nun ist er nicht mehr, der große Nestroy-Spieler und Raimund-Erfüller. Seine heisere, unendlich disziplinierte Stimme wird nur mehr von der Konserve zu hören sein. Wieder einer weniger aus der alten Garde unseres Burgtheaters.
Mit Meinrad ist aber auch ein großer österreichischer Patriot gestorben. Und nach Oskar Werner ist er der wohl herbste Verlust für unser Theater. Das Burgtheater wird seiner gedenken, irgendwelche Selbstberufene werden sprechen, hoffentlich nicht wieder einer, der alles versteht, nur Pepis Art, Theater zu spielen, nicht.
Die Inge Konradi und die Gusti Wolf werden schluchzen, der Sarg wird um das „Haus" getragen, Ende, Vorhang. In Berlin (warum in Berlin, sie gehört doch, kruzitürken noch einmal, an die Burg) wird Elisabeth Orth seiner gedenken. Wie ich sie kenne: in einer Kirche (wenn möglich in einer katholischen) wird die Elisabeth eine Kerze anzünden und ein stilles Pater noster beten.
Was da zu Grabe getragen wird mit diesem Josef Meinrad, das wissen zu viele nicht. Wir alle bleiben traurig und betroffen zurück.
Pepi Meinrads „unmöglicher Traum" hat begonnen.

Anderswo in Deutschland wird gerätselt werden, wer nun den begehrten Iffland-Ring erhalten wird. Als ob das nicht völlig gleichgültig wäre, mindestens so wurscht wie die Tatsache, daß Claus Peymann beim Wiener Opernball war und sich mit einem gewissen Richard Lugner, einem Baumeister, am Titelblatt der Wiener „Kronen Zeitung" hat abbilden lassen. Zwei Propagandagenies, der Baumeister auch beruflich erfolgreich.
Nur daß im Kunstministerium der Brief, in dem Meinrad den nächsten Iffland-Ring-Träger nominiert hatte, zunächst nicht auffindbar war, das ist ein Kuriosum, das

unseren wohlerzogenen und kultivierten Kunstminister tief ins Mark treffen mußte. Doch Hiob hat sich alsbald in eine Frohbotschaft gewandelt: Meinrads Iffland-Brief ist wieder aufgetaucht, und damit der nächste Träger: Bruno Ganz.

„Ja, haben S' meinen Brief net gekriegt?" fragt der Laien-Komiker in Volksstücken. Die Laienspieler im Unterrichtsministerium können ab sofort mitulken.

Schwanengesang

Das Kaisergelb verblaßt ebenso wie das der Fahnen des roten Wien. Ende einer Ära. Blanche Aubry – unsere unvergeßliche Burgkollegin, deren Bühnengestalten uns allen gegenwärtig sind – hatten sie, dem alten Brauch entsprechend, auf der Feststiege des k. k. Hofburgtheaters aufgebahrt. Es ist so kurz erst her. Und jetzt Josef Meinrad.

Ich denke an die beiden, die nun drüben sind. Und an uns drei. Denn nun bin ich der einzige Überlebende des erfolgreichen Trios aus dem „Mann von La Mancha".

Ich bin bei den traurigen Festakten dabei, bei Blanche, bei Pepi. Der Rest der alten Burgtheaterfamilie wird – eine Minderheit wie die Habsburger bei der Beisetzung der alten Dame Zita von Bourbon-Parma – da sein.

Fernes Glockengeläute, Anstimmen des Schlußchores, aus, unwiederbringlich, vorbei.

Zerstoben, mutwillig zerstört, ruiniert, zu Tode geprotzt, zu Tode gejauchzt, zu Tode verdammt, zu Tode gelobt.

Ich bin noch da, wie lange noch? Dabei möchte ich so gerne erleben, daß diese dümmlichen Fähnchen mit dem Aufdruck „Burgtheater" von den Masten verschwinden, daß dort wieder Rot-Weiß-Rot gehißt wird.

Überlegungen eines armen Nachbarn

Der Salzburger „Jedermann“ ist wieder einmal gerettet, dank Gernot Friedl, dem Regisseur, der immer wieder Facetten im Sinne Ernst Haeussermans findet und neu belebt. Es ist den Schreiern wieder nicht gelungen, dieses erfolgreichste aller Salzburger Fest-Spiele niederzuhöhnen. Das haben nur die Nazis geschafft. Aber ohne Diktatur ist dieses Stück in Verbindung mit Salzburg stärker.
Kurt Kahl, der wichtige Wiener Kritiker, ist mit Sicherheit kein Anbeter dieses Hofmannsthalschen Textes, aber er attestiert dem „Jedermann“ auf dem Domplatz immerhin publikumswirksame Qualitäten. Da wäre Heinz Sichrovsky, ebenfalls Kulturkritiker, schon heftiger. Da er aber Gert Voss verehrt, sind ihm in diesem Zusammenhange die Hände gebunden. Was soll er denn auch tun, wenn sein Idol einen Schlenkerer vollzogen hat, eine Traumrolle spielt und damit die Reihe Alexander Moissi, Attila Hörbiger, Will Quadflieg und Klaus Maria Brandauer fortsetzt.
Welcher Schauspieler kann sich solch ein Angebot entgehen lassen! Da müßte einer schon ganz schön dumm sein, und das ist der Gert Voss mit Sicherheit nicht. Das ist einer, der lange hatte warten müssen, bis er Start frei bekam, dann in Salzburg künstlerisch zündelte, ehe er in Wien raketenhaft in den Himmel stieg.
Zu den Übersiedlern aus Bochum gehört auch der in Wien geborene Deutsche Hermann Beil, Kodirektor und Chefdramaturg am Burgtheater. Ich schätze Beil sehr, und freue mich, daß er sich auch durch die Salzburger Festspiele dramaturgt. Dieser ruhige, immer lächelnde Herr hat stets ein Bügeleisen dabei, um zu glätten, was sein Chef verknittert hat. Der Marktschreier und der Mann, der den Mund hält, passen zwar nicht zusammen, halten aber zusammen. Vielleicht ein seltsames Paar – oder eine Notgemeinschaft?

Heimkehr in die Josefstadt

„Immer wieder hast du behauptet, daß du der Darsteller der kleinen Leute bist, *für* die kleinen Leute", sagte Franziska, meine Frau seit Unterzeichnung des österreichischen Staatsvertrags. „Weiter als bis zum Baron bringst du es auf der Bühne nicht. Aber jetzt spielst du im Theater in der Josefstadt den Vincelli in Nestroys ‚Liebesgeschichten und Heiratssachen'. Und der ist gar ein Marchese, ein Graf."

Tatsächlich habe ich mich in all den Jahrzehnten nie um „die da oben" geschert, und das hat auf meine Bühnenpräsenz abgefärbt. Der einzige König, den ich je gespielt habe, war der Peachum in Bert Brechts „Dreigroschenoper"; und der ist nichts weiter als ein Bettlerkönig. Für mich gab es keinen edlen Baron Neuhaus, keinen eleganten Grafen Bühl, meine Karriere ist voll von Schustergesellen und Winkelschreibern, ich war Fleischermeister (Nestroy), Hurentreiber und Totengräber (Shakespeare). Wenn's hoch hergegangen ist, avancierte ich zum Gendarmerieoberstleutnant (in Franz Molnars „Olympia"), zum Bankier, zum alten Talmudlehrer.

Und jetzt, o Wunder, ein echter Graf.

Wie damals, als ich meiner Mutter eröffnete: „Siehst, ich habe zwar keine Matura, aber Professor bin ich auch worden." Wenn auch nur ein solcher von Gnaden unseres Herrn Bundespräsidenten. Aber immerhin, das ist wie der niedere Adel in der Monarchie, vielleicht wie ein *Edler von.* Nur nicht vererbbar. So ein Treppenadel halt, wie ihn Karl I. beim Abgang von Schönbrunn noch schnell, auf der Stiege, manchem Getreuen überreicht hat.

Der ehemalige österreichische Außenminister und Diplomat Dr. Bielka-Karltreu (der wunderbare Mensch und Freund, der Europäer) hat mir das erzählt: Wie ein Bielka ein Edler von Karltreu wurde, ein Mautner ein von Markhof, und ein Friedmann ein Ritter von Prawy, Marcello-

Prawy (Marcello, den es hoffentlich noch lange geben wird, denn so einer wie er kommt nie wieder).
Zurück zum Marquis/Grafen in der Josefstadt. Ich genieße diese Rolle, aber ich freu' mich auch schon auf den Striese, den ich hier im „Raub der Sabinerinnen" spielen soll. Ich genieße die gute Atmosphäre des Hauses, die Ruhe, die Kollegialität; ich genieße den Erfolg beim Publikum, die ausverkauften Häuser.
All das außer den vollen Häusern habe ich seit Abgang Achim Bennings vom Burgtheater nicht mehr gehabt. Und habe gelitten. Natürlich auch darunter, daß viele von den Wichtigen und Nahen nicht mehr da waren: der Michael Janisch, die Inge Konradi kaum im Haus, der großen Susi Nicoletti bin ich nur mehr höchst selten begegnet, der Erika Pluhar gar nicht mehr, Kurt Sowinetz und Johannes Schauer waren tot, ebenso Fred Liewehr. Franz Morak wurde kaum besetzt. Und wo waren Klaus Maria Brandauer, Klausjürgen Wussow und Heinz Reincke? An ihre Stelle waren die Uwes, die Traugotts, die Kirstens gerückt, sehr gute Leut', richtig, aber halt Cousins, nicht Brüder.
Jetzt habe ich wieder viel neues Vertrauen in mich und sehne mich kaum mehr an die Burg zurück. Nur der Rumäne, der Bolesch, der alte Fröhlich, der Blasche, die fehlen mir.
Sei's drum, man muß stark sein, wenn man starke Worte gebraucht hat, und sie weiterhin brauchen will.
Die Elfriede Ott weint der Burg keine Träne nach, der Gerhard Ernst scheinbar auch nicht. Ich verstehe mich oft selber nicht. Kann ich verlangen, daß die dort mich verstehen? Die unsensiblen Nordlichter und die rotweißroten Anpasser . . .

Thiater kost' halt Geld

erschienen in der „Furche“

So viel Geld kostet die Festwochen-Burgtheater-Koproduktion „Der Bauer als Millionär“, sagte der sparpaketgeschockte Herr Wulzenhofer, als er die Kostenermittlung den Gazetten entnommen hatte.
„Tuan S' Ihnen nix an“, grunzt der nachsichtige Herr Hirte – seines Zeichens Kulturmensch der Gemeinde, „Thiater kostet eben Geld – und was san scho' zwölf Millionen für ein Feuerwerk des Humors, das noch mehr Stückln spielt als die Krachereien in Bregenz und in Mörbisch zusammen. Das Auge, lieber Freund, das Auge muß befriedigt werden, net das Ohr, oder gar die tepperte Sucht, ein Stück im Original zu sehen. Originell muaß sein, net originäu.“
Und originell war der Hermann schon, als er noch die Blasmusik der alten Pseudo-Deutschmeisterkapelle dirigiert hat. Da hat er's ja krachen lassen, und die Wiener haben ihm den Ehren-Kosenamen „der blecherne Furtwängler“ verliehen. Das war noch Dankbarkeit! Aber heute? Jetzt dreschen's hin auf den armen Mann, wie wenn er was verbrochen hätt'. Dabei hat er's ja guat g'mant. Oder soll er die „Jugend“ sympathisch machen, bei de Gfraßter, was ma jeden Tag siecht? „Spricht norddeutschen Dialekt“, oder so, hat der Raimund g'sagt, weil er woll'n hat, daß die Krones Theres die Roll'n der Jugend spült. Die war nämlich a Piefkenesin, wissen S' – und der Herr Dichter is a bissl g'flog'n auf sie.
Und zwölf Millionen? Mein Gott – 's Hundstrümmerln wegrama is a net umasunst. Wiea i Ihna sag' – Theater muaß teuer sein. Was glauben S', was allane der Tscheep, mit dem der Gessler im Burgtheater auftritt, kost? Na sehn S'. Und ohne Tscheep – a Wilhelm Tell? Ausg'schlossen in der heutig'n Zeit. Da wird ma von die Feulletonisten im Bruaderland, aber a bei uns in de besseren Greise

als Provinztrottel gebrandmarkt. Wolln S' des? Was manen S', der Hermann hätt' bei de Deutschmasta bleim solln? Was reden S' denn da daher – was hätten ma denn dann mit der Marie g'macht? Studentenfreifahrtn eppa? No also!
Wer waß, ob si der Raimund a darschossen hätt', wenn er die Aufführung an der Wien oder im B. T. g'sehn hätt'? Aufg'hängt vielleicht. Aber darschossn? Nie!

Heimlich sind sie froh, daß sie ihn los sind

erschienen in der „Furche"

Wenn man zu Ernstl Waldbrunn gesagt hat „de mortuis nihil nisi bene", hat er immer ganz erstaunt gefragt: Warum? Farkas, der große Karl, hat dann stereotyp gemeint: „Man hat schon über die Lebendigen genug Schlechtes zu sagen, warum also auch noch über die Toten?"
Mir ist heute danach, über einen lebendigen Lebenden zu schreiben, dem alle Ehre gebührt, und zwar nicht nur, weil er seinen neunzigsten Geburtstag feiert. Boleslav Barlog, der große Theatermann in Berlin, hat frisch und munter die Schwelle zum Greisenalter überschritten und damit allen sogenannten Senioren eine Richtung gewiesen und Hoffnung gemacht.
Ich bin erfreut, daß ich einmal dem Reichsverweser des Burgtheaters Claus Peymann recht geben kann. Er sagte nämlich: Vielleicht waren die alten Theaterfürsten doch die besseren Direktoren!
Boleslav Barlog – Regisseur, Verfechter der Wahrheit, Liebhaber der Schauspieler, Lordsiegelbewahrer des berlinischen Theaters! Mein Gott, ist der Mann gescheit, menschlich und fair. Und wie der lachen kann – auch über sich selber! Ich verzeihe ihm, daß er über Gobert anders denkt als ich – nämlich negativ, vergebe ihm, daß

er Peter Steins Schwächen wie in einem Glaskasten ausstellt, er darf alles, weil man auch bei ihm alles durfte. Es mußte nur stimmen.

Als ich zu den „Sibirien"-Proben nach Berlin kam, ließ mich das Theater (Schiller und Schloßpark) vom Flughafen abholen – in einem alten, desolaten Auto. Wissen Sie, sagte der Chauffeur, das Auto ist heruntergekommen wie unsere Häuser. Zuerst fuhr ich Barlog damit, dann Lietzau, dann kamen Gobert und Sasse, und nun – naja, Sie sehen ja, die Karre geht mit der Zeit.

Damals, zu seiner Zeit, war Barlogs Imperium noch in Ordnung. Gutes, menschliches Theater wurde gespielt, dann mußte er den Hut nehmen. Er tat's nicht gern, aber die scheußliche neue Zeit drängte. Drängte ihn an den Rand. Haben Sie geglaubt, die Berliner Kulturverantwortlichen seien klüger als die unsrigen? Nix damit – ein und derselbe klägliche Haufen!

Jetzt haben sie ihn geehrt, interviewt, belobigt. Zum Neunzigsten! Heimlich sind sie froh, daß sie ihn (seit 20 Jahren) los sind. Er war zu gut. Zu vornehm. Ich ziehe meinen Hut, Herr Generalintendant. Leben Sie weiter, reden Sie weiter – Ihre Stimme hat Gewicht, noch immer, und wer hören will, der hört. Lassen Sie hören von sich!

Meine kleine Welt

Wiedersehen mit Auxerre

Frankreich. Zwei Drehtage in Auxerre. Aufregend zwar, dennoch sinkt mein Blutdruck auf 115 zu 70. Vergangenheiten werden lebendig.
Gestern war gemeinsames Abendessen des Filmteams, und nächtens brannte der Sod. Ich bin den zu jungen Calvados nicht mehr gewöhnt. Zweieinhalb Schnapsgläser waren vielleicht um ein halbes zuviel. Ja, alt wird man. Dabei war ich einst so etwas wie eine zivile Alkoholvernichtungsmaschine gewesen.
Wir drehen einen Film. Gestern war „la prison" unser Motiv, das Gefängnis: Wie es einen Täter an den Tatort zurücktreibt, so zieht es auch mich, der ich Opfer war, immer wieder hierher, alljährlich, obwohl die Zeit damals für mich sehr häßlich gewesen war.
Sieben lange Monate war ich hier in Einzelhaft, begleitet von Angst, Mutlosigkeit und Schwäche. Ich verstehe mich heute selbst nicht. Aber ich muß einfach sehen, daß dieses Foltergebäude noch steht. Diesmal war ich, zum erstenmal nach 53 Jahren, wieder drinnen. Altes mit Neuem gemischt. Weniger furchterregend als damals, doch mich hat es auch diesmal sehr aufgewühlt, als ich wieder in jener Zelle stand, in der ich während des Zweiten Weltkriegs festgehalten worden war

Damals: Eine schummrige 25-Watt-Birne an der Decke, ein Eisenbett, ein am Boden festgeschraubter Tisch, ein Hocker, auch mit einer Kette festgemacht.
Heute: Neonlicht, ein Fernsehgerät. Kein Eimer mehr für die Exkremente, sondern ein Klosett mit Wasserspülung.

Die Eisengitter an den Fenstern aber sind dieselben geblieben. Mich schauderte, meine Frau (die Erlaubnis hatte, mich zu begleiten) war blaß. Die französische Wachmannschaft und „monsieur le commandant“ von ausgesuchter Höflichkeit. Man achtete scheinbar den „Autrichien“, der es damals gewagt hatte, gegen die „boches“ aufzubegehren. Man wußte hier von meiner Geschichte. Die kameradschaftliche Behandlung empfand ich wie die Verleihung des „Pour le mérite“.
Mir fiel Kurt Nerath ein, mein aus Graz stammender Zellennachbar; und Unteroffizier Schack – der sich als „chef de prison“ zu allen, aber besonders zu uns politischen Häftlingen stets menschlich anständig und verständnisvoll verhalten hat.
Ob ich heute gut schlafen können werde?
Damals war mein Regiment aus Niederdonau, wie Niederösterreich während der Nazizeit genannt wurde, nach Burgund verlegt, eben in dieses Auxerre, einen Ort „im Tal, das die Yonne durchströmt“, wie es in der Schillerschen „Jungfrau von Orléans“ heißt.
Einige von uns – eben jene, die einigermaßen des Französischen mächtig waren – wurden als Vorkommando ausgesandt, um Quartier zu machen. Da mußte man mehrheitlich auf die vielgeschmähten Ostmärker zurückgreifen, denn diese hatten – meist in Wien – das Gymnasium absolviert und waren daher gewandter als manche Jungens aus dem Ruhrpott, dem Saarland oder aus Remscheid, der Gegend, die man das Bergische Land nennt.
Ein Remscheider übrigens war mein Fahrlehrer gewesen, ein flotter Kerl, mit dem ich noch Jahrzehnte in Verbindung stand. Er ist von allen düsteren Schleiern zu entbinden, dieser Werner Nockemann.
In Auxerre stand ein ehemaliges Lager senegalesischer Truppen leer, also bezogen wir die Baracken. Ich wurde beauftragt, ein Militärkasino einzurichten. Durch diese Tätigkeit kam es rasch zu Kontakten mit der französi-

schen Bevölkerung, die meiner Meinung nach allzusehr auf Kollaboration aus war. Man handelte, kaufte, verkaufte, beschaffte. Und bisweilen entstanden sogar Freundschaften.

Dieses Verhalten war auch gut zu verstehen: Man wollte sich das Land nicht noch mehr zerstören lassen, der achtzehntägige Krieg war verloren, nun wollte man nur mehr Ruhe und Sicherheit. Deutsche Besatzungstruppen, die sich gesittet benahmen, waren in Schenken und Wirtshäusern, in Hotels und Geschäften willkommen.

In Vichy saß die faschistische Regierung des Maréchal Pétain: Dort war „la France" noch frei, dorthin richtete sich der Blick der Grande Nation. Der Widerstand war spürbar und heftig, aber die ihn praktizierten, waren eine gewalttätige Minderheit.

Nur: in der Wohnung, bei Tisch, da wollte man die feindlichen Soldaten nicht haben. Ausgenommen waren die Reichen und Adeligen, die mit dem deutschen Offizierskorps freundschaftliche Kontakte pflegten. Und da lag auch die Chance der in deutscher Uniform in Frankreich herumstreunenden Österreicher. „Un Autrichien est un autre chien" galt seit 1918 nicht mehr, also seit 23 Jahren.

Besonders als Wiener war man gerne gesehen. Da habe ich hundertemale bemerkenswerte Begegnungen gehabt. „Non, rien," nix – „vous êtes Viennois?, gehen Sie doch in die Erste Klasse!"

Ja, ich, der kleine Wiener, wurde eingeladen, bewirtet. „Kommen Sie", meinte Monsieur de la Place. „Kommen Sie, aber bitte in Zivil."

So erschien man zum Sonntagsbraten in Pullover und Privathemd mit Krawatte. Uniformbluse und Kappe blieben im Stiegenhaus, die luftwaffenblaue Hose wurde nicht beachtet.

Einmal durfte ich einen mir sehr sympathischen Kameraden aus Wuppertal mitbringen. Der nette Dreiundzwanzigjährige aber spielte den Besatzer – und wurde nie wieder zu Tisch gebeten.

Ich genoß meine austriakische Sonderstellung sehr, wurde zu unvorsichtig und „fiel auf“, wie es im preußischen Armeejargon hieß. Ein dummes Wort, ich weiß, aber es hieß so. Hauptfeldwebel Kirchhof, ein massiger Mann mit neandertalerartigem Überaugenwulst, ein arroganter Schleifer, meinte: „Wenn ich Sie noch mal intim quatschen sehe mit so'nem Scheißfranzosen, reiß' ich Ihnen den Arsch auf!“

Wenn der gewußt hätte . . .

Ich kaufte Schreibpapier, Briefblocks, Notizblöcke, Bleistifte, Füllfedern und Tinte, Ansichtskarten und Kalender: alles in dem Papierwarenladen des Herrn Dondon Total. Das war ein strenger Herr mit Baskenmütze, ewig die Zigarette im Mundwinkel. Monsier Dondon hatte eine attraktive Ehefrau, und mit der hatte er eine sehr fesche Tochter. Jeannine, sehr klein, sehr lieb, sehr französisch, sehr verschlossen.

Ich plauderte oft mit ihr. Einmal spazierten wir entlang der Yonne, da bat sie mich, der ich dienstlich morgen über Melun und Sens nach Paris fahren würde, eine Freundin mitzunehmen. Sie hatte gedacht, ich würde diesen Weg mit dem Auto zurücklegen.

Aber die Fahrt war per Bahn geplant. Also konnte ich mich des Mädels nicht annehmen.

Ich wollte sie aber kennenlernen; wir begegneten einander, und da stellte sich heraus, daß meine Vermutung richtig war: Es handelte sich um ein jüdisches Mädchen, das von der sehr eifrigen französischen Polizei ebenso wenig kontrolliert werden wollte wie von den deutschen „Ordnungskräften“. Sie wollte heil nach Paris kommen, um von dort aus weitergereicht zu werden. Ein schwieriges, gefährliches Unterfangen. Aber ich wollte helfen, mußte was tun. Das war ich meinen französischen Freunden und mir selber schuldig. Mein Gott, denke ich heute, ich war erst 22 Jahre alt. Was wußte ich schon von den Gefahren dieser Welt!

Es war gut, daß Hauptfeldwebel Kirchhof nichts gewußt hat. Denn es hätte ihm nicht geschmeckt, hätte er erfahren, daß in einem Wehrmachtswagen (Opel-Blitz-Mannschaftswagen), der Richtung Paris fuhr, von den fünf Uniformierten, die in diesem Auto saßen, nur vier männlichen Geschlechts waren. Dem Mädel paßten der blaue Luftwaffendrillich und die fesche Kappe gut. Rudi Broneder und Poldi Wondru waren die eingeweihten Mittäter. Die beiden anderen Landser wußten nichts, denn unsere „Schmuggelware“ war einbandagiert, wie sich das nach einem Sturz vom fahrenden Motorrad gehört . . .
Ohne Schwierigkeiten gelangten wir in einen Vorort von Paris. Mademoiselle kleidete sich um (die Zivilsachen hatte sie, unbemerkt von den beiden unwissenden Soldaten, in einem Köfferchen bei sich gehabt). Wir haben sie hoffentlich in die Freiheit entlassen, ich habe jedenfalls nie wieder von ihr gehört.
Damals habe ich darüber nachzudenken begonnen, wie man Verfolgten helfen kann. Und wie man „denen da oben“ einen Streich spielen kann. Ich glaube, seit damals setze ich mich bewußt für Unterdrückte ein, für Gequälte, ungerecht Behandelte. Ich praktiziere diese Maxime bis heute.
Damals mögen meine Motive nicht nur edel gewesen sein, es war auch ein Spiel mit dem Feuer, Abenteuerlust, Aufsässigkeit, und es war ein Sich-Aufbäumen gegen das, was man als das Böse durchschaut hatte. Erwin Chargaff hat einmal gesagt: „Wenn ein zweiter Bote der Hölle erschiene, die Deutschen (Österreicher, aber auch alle anderen) fielen ihm wieder hinein.“
Ich bin stolz, daß ich – begünstigt durch äußere Umstände – schon dem ersten Abgesandten der Hölle nicht auf den Leim gegangen bin.

In Frankreich bestätigte sich, was ich schon vorher erfahren hatte: Die Österreicher mochte man in der Regel mal ein bißl mehr, mal ein bißl weniger; die Deutschen lehnte man ab, und manchmal schlug diese Ablehnung in Haß um.
Die Franzosen lachten oft über die wienerische Art, sich schwer entscheiden zu können, eher jein zu sagen als konsequent ja oder nein. Natürlich merkten sie bald, daß wir Österreicher auch den einen oder anderen Minderwertigkeitskomplex mit uns herumschleppten. Aber sie lachten darüber mit uns. Großmannssucht, Brutalität und lautes Verhalten fanden sie abstoßend.
Ich wundere mich heute, daß es offenbar gelingt, so etwas wie freundschaftliche Gefühle zwischen Frankreich und Deutschland aufzubauen, wenn auch die Jugend beider Länder europäischer, polyglotter, verspielter ist, als wir alle es waren. Wer die Menschen diesseits und jenseits des Rheins kennt, weiß, daß viel über Freundschaft geredet, aber dabei wenig empfunden wird.
Es mag noch hundert Jahre dauern, vorausgesetzt, es stehen Menschen von der Bedeutung Konrad Adenauers, Willy Brandts, Helmut Schmidts und auch Helmut Kohls an der Spitze Deutschlands, um mit Menschen von der Bedeutung de Gaulles und Mitterrands feste, haltbare Bande zu schließen. Denn das Eis ist dünn, und ein weiterer Rechtsruck da oder dort würde es zum Bersten bringen.
Kürzlich bemerkte einer meiner Freunde, er hätte nie geglaubt, daß sich Geschichte wiederhole. Sie tut es mitunter, daher muß man sich gegebenenfalls sehr stark gegen sie stemmen, den anderen die Augen aufreißen. Manchmal ist es notwendig, den Menschen rundum laut zu sagen, wo man zu stehen habe. Denn die blaue Fahne mit den zwölf goldenen Sternen allein wird es nicht schaffen.
Ich habe bei all meiner Abneigung den Nazis gegenüber

nie etwas sabotieren wollen oder können, was den Mitsoldaten (die ja meist auch nur gezwungenermaßen das „Ehrenkleid" trugen) geschadet hätte. Aber gerne wollte ich den Nazis, der Gestapo und den widerlichen NS-Führungsoffizieren sowie der nicht immer sauberen Wehrmacht Opfer aus den Fängen reißen. Dazu waren ich und einige meiner Kameraden (bis jetzt habe ich dieses Wort vermieden, jetzt aber paßt es) bereit. Ein „laissez passer" für eine Mutter mit Kind (der Vater saß als kommunistischer Funktionär im Zuchthaus); ein Zettelchen mit einer Adresse für einen Professor, der in Marseille eine Unterkunft brauchte; einen Ausweis für einen Sportlehrer aus Wien, der bei einer Marquise die Pferde betreute.

Es war ein Riesenspaß, und wir ahnten nur am Rande, wie gefährlich das alles war und welche Folgen das haben könnte – und letztlich auch hatte.

Erst als man mich von Paris nach Rommily versetzte – zur Bewachung eines Scheinflughafens –, begriff ich, daß ich einen dieser Ausweise selbst hätte benutzen sollen, um ins freie Frankreich zu kommen und von dort . . .

Aber es war nicht so, denn es gibt immer, wie ich in Franz Werfels „Jakobowsky und der Oberst" viele Jahre später auf der Bühne sagte: „Es gibt immer zwei Möglichkeiten." Ich denke, ich habe damals die anständigere gewählt.

Aber zurück zum Bekenntnis zu meinem, zu Ihrem, zu unserem Vaterland: In den sechziger Jahren habe ich ein Buch unter dem Titel „Österreich, wohin man schaut" geschrieben. Darin habe ich beschrieben, wie ich selbst in Frankreich unzählige Zeichen, Markierungen und Erinnerungen an das alte Österreich gefunden habe. Und umgekehrt. Welcher Wiener weiß wirklich, daß die beiden Vögel auf den Obelisken beim Eingang zum Schloß Schönbrunn napoleonische Adler sind? Wer weiß in Paris schon, daß am Arc de Triomphe an der Etoile der Name Wagram eingemeißelt ist? Schlacht bei Wagram. Und es gab auch einen Duc de Wagram. Seltsam, aber wahr.

Geschichten über Geschichte gibt es genug, angefangen von der armen Königin Marie Antoinette bis hin zu jener Prinzessin, die aus Staatsraison den kleinen Kaiser hatte heiraten müssen. Der Sohn Napoleons und der Marie Louise, der *Adler* – so nannte man den Herzog von Reichstadt – war rund hundert Jahre in der Wiener Kapuzinergruft bestattet, bis er, als besondere Geste der Wertschätzung, von Hitler den Franzosen zurückgegeben wurde. Heute liegt er im Invalidendom, gleichgestellt mit den Marschällen Frankreichs.
Wiedergutmachung mit einem Leichnam, so hat sich die Naziaußenpolitik unter Leitung Joachim von Ribbentrops die Bestechungsstrategie vorgestellt. Gefruchtet hat sie nichts. Die Pariser durchschauten den „genialen" Schachzug der Deutschen und honorierten ihn durch Fernbleiben von den militärischen Feierlichkeiten und durch grandiose Mißachtung.
Dabei ist der „Aiglon" ja nur Halbfranzose, ist fünfzigprozentiger Österreicher, was hat der mit den „boches" zu tun?

Ich habe als Soldat den Ort besucht, an dem ein von einem morschen Baum herabfallender Ast den Dichter Ödön von Horvath erschlug. Ich konnte das Hotel ausfindig machen, in dem Franz Werfel auf die Idee seines „Jakobowsky und der Oberst" kam, und ich suchte vergebens nach dem Stammlokal Josef Roths. Auch ein Stück gemeinsamer österreichisch-französischer Geschichte.
Der österreichische Botschafter residiert in einem kleinen Palais in der rue Fabert, in der Nähe des Invalidendoms. Dieses Palais hat Napoleon seiner österreichischen Frau geschenkt, ist also österreichischer Besitz. Während der Besatzungszeit beschlagnahmten es die Deutschen, und die Franzosen verkauften es – nach der Befreiung – als deutsches Eigentum
Dr. Martin Fuchs, österreichischer Botschafter in Paris,

erzählte, daß unsere Republik bis zur Beschlagnahme protestierte und ein Gericht das Gebäude an die österreichische Bundesregierung zurückstellen hatte lassen.
Ein Stück Österreich mitten in Paris. Unweit davon liegt das österreichische Kulturinstitut, das jahrelang Landeplatz eines großen Dichters gewesen ist: Manès Sperber.
Er ging dort ein und aus, war mit seiner Baskenmütze unübersehbar, hielt hier schlecht bezahlte Vorträge und lebte mehr als schlicht.
Erst viel später kam er zu Ruhm und Ansehen. Heute nimmt man kaum mehr Kenntnis von ihm. Aber seine Zeit kommt wieder. Wie Michael Kehlmann den Dichter Josef Roth unendlich populär gemacht hat – eine kulturelle Großtat –, so wird sich vielleicht bald jemand finden, der Manès Sperber wieder unter möglichst viele Menschen bringt.
Es war keine gute Zeit damals, in Auxerre. Aber sie wuchs für mich zu einer wichtigen Zeit. Und sie bringt mich heute noch zum Nachdenken.

Ein Hohenzollern in Italien

Unmittelbar nach dem Zweiten Weltkrieg: Im Kriegsgefangenenlager Grottaglie bei Taranto in Italien waren wir zehntausend Österreicher, zu je tausend in zehn Camps untergebracht. In Zelten und Wellblechbaracken. Viele Steine gab's, und wenig Wasser. Aber alles verlief korrekt, und endlich – nach den Jahren einer mörderischen Tyrannei – waren wir wieder allein unter unserer selbstgemachten rot-weiß-roten Flagge.
Die englische Bewachungsmannschaft war streng, das Essen ausreichend, und wir waren, weil erst nach dem Waffenstillstand in Gefangenschaft geraten, ergebenes Personal.
Ich habe die Besonnenheit der Insulaner sehr bewundert

und war daher eher erstaunt, als sie eines Tages wild gestikulierend durch die Lagergassen purzelten. Dann sprach es sich aber durch: Besuch war angesagt! Ein britischer Marschall sollte kommen, um aus dem deutschen Nebenlager einen als Kriegsgefangenen festgehaltenen Verwandten Seiner britischen Majestät, König Georges VI., abzuholen, einen Prinzen Hohenzollern, Cousin dritten Grades.

Ein *echter* Prinz, wenn auch nur ein Hohenzollern-, ich mag dieses Wort so wenig wie Schmetterling statt Papillon.

Alles war geputzt, gepflegt worden, nach potemkinscher Art. Bäume waren herangeschleppt und für zwei Tage in den Boden eingesetzt worden.

Der „field marshall" erschien endlich, salutierte und setzte sich auf einen Stuhl unter einem mächtigen Sonnendach. Er blickte stolz um sich, besah die Leute rundum und dachte wahrscheinlich darüber nach, warum die Übergabe der Hauptperson bei den „Austrians" und nicht bei den „Germans" vorgenommen wurde.

Auch wir waren gespannt. Stille.

Dann näherte sich ein Automobil, ein Beifahrer sprang vom Trittbrett und öffnete „der Hoheit" den Wagenschlag. Dem Fahrzeug entstieg – in die Uniform eines Infanteristen gekleidet – ein kurzwüchsiger, sehr O-beiniger Mensch mit viel zu langen Armen, großem Kopf und breitem Gesicht.

Später erfuhren wir, daß dieser arme Prinz von seinen lieben Verwandten seit langem abgelehnt worden war und jahrelang sein Brot als Hilfsarbeiter hatte verdienen müssen. Der englische Kommandant erschrak sichtlich, als er die ihm entgegenschlurfende Gestalt musterte, doch – Prinz ist Prinz. Er nahm Haltung an.

Sie standen alsbald einander gegenüber stramm da, hoben gleichzeitig die Hände an die Mützenschirme, und dann bestiegen sie das Auto.

Verwunderlich war nur, daß sich der Marschall gegen jede Regel neben den Fahrer setzte und der als Hitlersoldat verkleidete deutsche Fürst sich im Fond des Wagens räkelte. Er hatte viel Platz, denn der neben ihm sitzende deutsche Beifahrer hielt Abstand.
Als der Wagen, eine Staubwolke hinterlassend, das Camp verließ, fragte mich mein Kamerad, Leidensgefährte und Freund Christoph Reichsgraf von Thun-Hohenstein: „Wie sagte schon Ödon von Horvath? Wo war'n denn eure Hohenzollern, als unsere Habsburger schon römisch-deutsche Kaiser waren? Vielleicht noch im Wald?"
Und dann begann er wieder mit seinem elften Seminar über die Historie des Erzhauses Österreich, mit der er mich seit Beginn unserer Gefangenschaft ein bißchen gelangweilt hatte.

Typen. Und Persönlichkeiten.

Auch sie gehören zu meiner kleinen Welt, ich habe sie alle nicht nur gesehen, ich habe sie erlebt, die Typen der Wiener Szene damals, als die Wiener Szene noch lange nicht so geheißen hat, aber sehr vehement eine gewesen ist.
Da war einmal der ewig in Prozesse verwickelte *Goldfüllfedernkönig* (nur was seine öffentliche Selbstpräsentation betrifft, ein Vorläufer des Baumeisters Lugner).
Dann: Die *Dame mit der Wespentaille* – ich habe sie am Wiener Graben gesehen, weißgeschminkt, angetan mit einem roten Mieder, die flötenblasende, immer indisch bekleidete Reichsgräfin Triangi.
Ein paar Klassen tiefer: der *Numero Gustl,* der für zehn Groschen Lotterienummern, die er am Hut trug, verkaufte.
Peppi, der Faßltippler, hatte sein Revier zwischen „Eiermanns Weinhaus" und der Westbahnstraße bis zum „Grammanitsch" in der Neustiftgasse und verteidigte es

mit Schimpfkanonaden und sogar mit eigenen Fäusten. Obwohl zerlumpt, strahlte er doch einen gewissen Charme aus, halt einen Bierdunst- und Fuselcharme. Blitzende Augen über knallroten Wangen, schwarzgeränderte Fingernägel, einen Spagat um den Bauch, und in der Hand ein Reindl, allzeit bereit, es mit Lack zu füllen – Lack, so nannte man den im Faß verbliebenen Bierrest.

Ich habe sie alle noch gesehen, die *Lavendelweiber,* die *Naschmarkt-Fratschlerinnen,* die *Brotschanis* beim Heurigen, die *Radibuam* und selbstverständlich auch die *Salamutschimänner,* die auf den Straßen ihre Salamistangen anboten.

Damals kostete im Wurstelprater eine Riesensalzgurke so viel wie eine Tour auf den Ringelspielpferden des Perlkarussells der Frau Grabmayer.

Gute alte Zeit, die alles andere als „guad" war, aber die Menschen waren dennoch nicht unzufrieden, weil sie nicht so verwöhnt waren wie die Leute heute.

Gratisstudium? Gratisschulfahrt? Natürlich für alle, auch für die Superreichen. Man hat es uns – nach dem schwedischen Vorbild – wohl zu leicht gemacht, und wir haben uns an den Geschenkestaat sehr schnell gewöhnt. Die alte „Darf's noch ein bisserl mehr sein"-Taktik. Ich kenne einen Pensionisten, der monatlich sechstausend Schilling vertschechert. Nimmt man dem täglich ein Bier weg, dann versteht er die Welt nicht mehr. Und wählt aus Wut Jörg Haider.

Dort wollen wir nicht bleiben, drum schnell zurück zum Thema.

Wo sind sie denn geblieben, diese besonderen Farbflecken dieser Stadt, diese unverwechselbaren Typen?

Ja, es gibt sie auch heute noch: raunzende Poesiemillionäre, Phettberge. Und: einen wunderbaren Roland Neuwirth mit seinen Extremschrammeln. Die meine ich aber nicht. Mir fehlen die harmlosen echt Meschuggenen. Nein, ich meine sie nicht, die dummen Buben, die grün behaart die Stadt durchstreifen; und die Glatzerten mit den Springerstiefeln schon gar nicht.

Heute gibt's halt keine *Dame mit dem Pferdegesicht* mehr wie zu meiner Zeit, dafür treffen wir allenthalben Sauschädeln, wie sie der Manfred Deix abbildet.

So gut Magic Christian auch ist, ein Calafatti oder ein Kratky-Baschick wird er nie. Der Strobl-Spitzbua ist die Ausnahme. Und wie lange gibt's den noch?

Manche jubeln über den Ist-Zustand, weil sie keine Ahnung vom Ist-gewesen-Zustand haben. Wenn der berühmte Architekt Hans Hollein sein Zöpfchen trägt, so stelle ich fest: Es ist zu mager.

Und es reicht auch das Monokel des Psychiaters Harald Leupold-Löwenthal nicht.

Früher bin ich oft in den zweiten Wiener Gemeindebezirk gegangen, auf die sogenannte Mazzes-Insel, um mich dort zwischen Kaftan und Hubertusmantel zu bewegen. Heute – magere Reste.

Wie arm sind doch wir, und wie selbstbewußt waren einst die bunten Soldaten, die slowakischen Ammen und die spaßig eitlen Fähnriche. Heute?? Guten Fasslabend, allseits.

Ich stehe vor Wiens erstem Wolkenkratzer, dem Kornhäuselturm im ersten Bezirk. Dahinter steht die tausendjährige Ruprechtskirche, die Synagoge und das Wohnhaus Seitenstettengasse 5, ebenfalls von Kornhäusel errichtet und im Besitz des Stiftes Seitenstetten. Das „Bermuda-Dreieck" schließt an, dort ist noch ein bisserl Leben. Aber kaum setzt man den Fuß auf den Kai, schaudert einen, denn da stand das berüchtigte Hotel Metropol, Sitz der Gestapo. Drüben, am Floridsdorfer Spitz, haben sie anno '45 den Major Karl Biedermann und den Hauptmann Alfred Huth sowie auch den Oberleutnant Rudolf Raschke auf einem Laternenpfahl gehenkt, die Unschuldigen, nur ihre Pflicht Tuenden. Vielleicht erschlagen die Erinnerungen jeden Ansatz, ein Original zu werden.

Persönlichkeiten: der polemisch-kontroversielle Logiker Josef Hindels als programmatischer Denker der Sozialisten; Leopold Figl, der durch sein Auftreten, seine direkte Sprache, menschlich tief berühren konnte; das Redegenie Ernst Fischer, ein Glücksfall in der kleinen Kommunistengruppe der Nachkriegszeit. Wo sind solche Leute heute?

Wir sollen nicht ganz oben ansetzen. Nun denn. Ich erinnere mich in diesem Zusammenhang an Inspektor Lukesch, den sie den Karajan der Opernkreuzung nannten: Er war wie die vorher genannten Leute eine große Persönlichkeit, und auch eine unverwechselbare Type, die uns in der heutigen Wischiwaschi-Zeit mehr als fehlt.

Der Lukesch: Ampel auf Grün, Gelb, Rot. Händisch geschaltet, hatte er das gesamte Geschehen im Griff. Was war das – vor dreißig Jahren noch – für ein Fest!

Rayonsinspektor Lukesch dirigierte den Verkehr, mit lächelndem Gesicht, listig-lustigen Augen, diesen oder jenen Vorüberfahrenden grüßend, und man konnte an der Art dieses Grußes ablesen, in welchem Ansehen der Gegrüßte bei Lukesch stand.

Mir selbst rief er oft ein vertrauliches „Griaß Eahna!“ zu. Bei Regierungsmitgliedern salutierte er stramm und schweigsam. Oder: „Aber, aber, gnädige Frau, heut schon so früh unterwegs?“

Man fühlte sich betreut, und man war es auch. So einen Lukesch, den gibt's heute leider nicht mehr, nicht auf der Opernkreuzung, nicht auf dem Schwarzenbergplatz, nicht einmal in der Regierung.

Schade. Aber es gibt ja auch nicht mehr solche Politiker wie den Wirtschaftskammerpräsidenten Rudolf Sallinger, der mit seinen Kollegen im Weinkeller, zwischen vielen Bummerl beim Bauernschnapsen, Politik für Österreich machte. Sein bester Gesprächspartner war sein Konterpart, der Gewerkschaftspräsident Anton Benya.

Sallinger ist von uns gegangen, der Toni Benya lebt und

agiert Gott sei Dank noch unter uns. Aber leider ist das, was die beiden gemeinsam für dieses Land geleistet haben, die Koalition der Vernunft, mausetot. Ein Koalitionär opponiert gegen den anderen, und darunter leidet der Kanzler, leidet auch der kluge und moralisch saubere Innenminister Caspar Einem. Und das Volk ist verunsichert, nervös.
Täten die beiden Großen nur, wofür sie das Volk gewählt hat: die blaue Riege wäre chancenlos. Könnte vielleicht die unsichere Allianz der beiden Großen durch eine starke Kleine gefestigt werden, durch Heide Schmidt und die Liberalen? Ein Fall zum Nachdenken.

Kragentragende Mullahs

Zu dumm, daß ich mich immer wieder über Dinge aufrege, die mich nichts angehen. „Ist nicht dein Bier", mahnt mich dann mein Freund, der Apotheker von Aspern bei Wien. Bier? Na ja. Trotzdem, ich nehme halt Anteil.
„Wie hältst du's mit der Religion?" Nun denn, ich wurde zwar getauft, bin aber längst nicht mehr im Verein. Ausgetreten, spontan, weil irgendein Fundi im Schwarzrock meinen Sohn Hans gequält hat. Es ist lang her.
Zum Anfang. Als ich 1945, aus der Kriegsgefangenschaft entlassen, in Graz lebte, heiratete ich eine evakuierte Wienerin evangelischen Glaubens, ehelichte sie nur standesamtlich. Als unser gemeinsamer Sohn Hans in die Schule kam, ordnete ihm der Herr Katechet an:
„Du setzt dich in die letzte Reihe, weil du ein uneheliches Kind bist, deine Eltern leben – ich will von dieser standesamtlichen Trauung gar nicht reden – in einer Mischehe!"
Von dem Augenblick an, in dem ich den Buben hab' deshalb heulen sehen, war's aus. Aber ich wollte nichts übereilen, wandte mich vorerst an einen katholischen Priester, den ich flüchtig kannte, erzählte, was sein Amtsbru-

der meinem kleinen Sohn angetan hatte. „Das ist vollkommen korrekt“, sagte der Mann mit dem weißen Collare.

Solche Leute, wirbelte es in mir, solche Leute greifen in die große Politik ein, bestimmen, was Anstand und Ehre ist, und damit unser Schicksal mit.

Es war 1952. Ich tat den demonstrativen Schritt. Viel lieber wäre ich zum Kardinal Theodor Innitzer gelaufen, hätte ihm meinen Taufschein vor die Füße geworfen. Warum ich's nicht getan habe? Weiß der Teufel. Vielleicht habe ich mir als gelernter Österreicher gesagt: Dann kannst du vielleicht deine Theaterkarriere in den Rauchfang hängen . . .

Als Kardinal Franz König ein menschlich zutiefst vorbildlicher Erzbischof von Wien wurde, war es zu spät. Ja, ich habe wiederholt mit katholischen Priestern über diesen Schock gesprochen, etwa mit dem klugen Pater Wolfgang von der Künstlerkirche St. Michael in Wien, und hatte das Gefühl, daß er mir innerlich recht gibt – auch wenn er und andere es nicht offen zugestehen können oder dürfen. Sei es, wie es sei. Ich war draußen vor der Tür.

Nun ist unser Kardinal, und damit meine ich natürlich Franz König, neunzig geworden, und die Sympathie aller schlägt ihm zu Recht entgegen. Er und solche wie er (wie viele gibt es noch davon?) wären imstande, die katholische Kirche so zu reformieren, daß sie sich selbst treu bleibt und uns wieder wichtig wird. Leider aber trampeln im Porzellanladen Österreich zu viele Elefanten herum. Kragentragende Mullahs. Im Staat, in der Kirche.

Wie gesagt, es geht mich ja nichts an. Auch wenn ich glaube, daß ein mündiger Mensch den Schnabel auftun muß, wenn ihm danach ist.

Als Bruder unter Brüdern

Ich bin Bruder Freimaurer. Das heißt, ich bekenne mich als freien Mann von gutem Ruf. Zu Toleranz und zur allgemeinen Menschenliebe.
Meine Loge ist für mich wichtiger als ich für sie. Sie bestimmt mein Leben mit, und es ist vielleicht ganz gut, daß mich einige meiner maurerischen Brüder nicht sehr ernst nehmen. Vielleicht ist es auch gut, daß ich dazu neige, Fehlverhalten von Brüdern und Logen zu registrieren und gegen sie anzugehen.
Wo aber menschelt es nicht?
Ich bin ein gläubiger Mensch und sehe im „Allmächtigen Baumeister aller Welten“ die höchste Instanz. Daß in der Maurerei demokratische Verhältnisse herrschen und vom Tag der Aufnahme in den Bund an jedes Mitglied gleichberechtigt ist, ist logisch. Unter Brüdern ist Religion kein Thema, auch nicht Rasse und Klasse. Alle sind gleich, ein Bündnis zwischen Männern mit gleichen ethischen Grundsätzen und Zielen.
Schön ist, daß hier Männer aus verschiedenen Berufen, verschiedener politischer Einstellung, verschiedener Lebensweisen zusammengefunden haben, um eine unzerreißbar feste Kette zu bilden. Jeder einzelne soll, muß, seinen eigenen Weg gehen bei der Errichtung des Tempels der allgemeinen Menschenliebe. Letztlich aber ist es ein gemeinsamer Tempel.
Mein Mentor in freimaurerischem Geist war der Schriftsteller und Theaterkritiker Franz Tassié. Dieser kleine, drahtige Mann war von sprühendem Geist und großer Aufgeschlossenheit. Selber seit vielen Jahren Freimaurer, fragte er mich – wir waren beide am Wiener Volkstheater engagiert, er als Dramaturg, ich als Schauspieler – eines Nachmittags, ob ich nicht Interesse daran hätte, den Maurerbund näher kennenzulernen.
Ich hatte, und wie!

Zum erstenmal hatte ich von Bruderliebe zwischen allen Menschen in der Kriegsgefangenschaft gehört. Im Camp X des Österreicherlagers bei Tarent in Süditalien tauchte von Zeit zu Zeit ein Captain der britischen Infanterie auf und stellte eigenartige Fragen, etwa nach *Jakin* und *Boas,* den Bezeichnungen der beiden Säulen aus dem Vorhof des ersten salomonischen Tempels.
Ich sprach ihn einfach an, fragte, was er mit diesen Rätselfragen bezwecke. „Ich suche nach Brüdern. Denn ich bin davon überzeugt, daß es auch unter den gegnerischen Soldaten Brüder gibt . . ."
Wir sprachen in der Folge oft miteinander. Er erzählte mir von einer friedlichen, weltumspannenden Idee. Leider wurde er zu bald anderswohin versetzt.
Franz Tassié, der später Taufpate meines Sohnes Martin werden sollte, war der zweite Mensch, der mir von der Weltenkette der freien Maurer erzählte. Ich hörte, ich lernte, und in mir wuchs in zunehmendem Maße der Wunsch, Glied dieser Kette zu werden. Ich, der ich zwischen drei Religionen und zwei Weltanschauungen aufgewachsen war, spürte, daß ich in der Maurerei die ersehnte Ruhe finden könnte. Spürte zum erstenmale, was ich bis heute nicht verloren habe, und fand Geborgenheit unter gleichgesinnten Männern.
Kein Kloster, keine Partei, kein Zwang, viel Demokratie (etwas zu wenig Humor), viel Menschlichkeit, Rechtschaffenheit, Frieden.
Aus dem Suchenden Fritz Muliar ist bis heute kein Wissender geworden. Ich bin Suchender geblieben. Daß man einander suchend hilft, finde ich logisch. Aber mir hat man fast nie helfen müssen. Und echte „Geschäftsmaurer" – Leute, die sich dort nur um des eigenen Vorteils willen bewegen – habe ich nur ganz selten kennengelernt. Ebensowenig Eitelkeit und Überheblichkeit. Trotz oft hoher Positionen im profanen Leben.
Man fragt mich oft: Warum, und wieso?

Was weiß denn ich, ich bin ja erst 35 Jahre dabei. Ich denke immer, ich bin kein Esoteriker wie manche andere. Aber für mich bedeutet es viel, im Bunde Freunde zu finden, Menschen, denen man sonst nie begegnet wäre: Künstlern, Kaufleuten, Bankern, Ärzten, Politikern. Handwerker sind dort leider nur wenige anzutreffen.
Ich bin an sich nicht gerne irgendwo Mitglied.
Gerne bin ich Ehrenmitglied des Wiener Burgtheaters, darauf bin ich stolz. Aber sonst?
Mitglied der SPÖ bin ich geworden, weil Bruno Kreisky ihr Vorsitzender war. Und dann bleibt man eben.
Aber: Mitglied der Großloge von Österreich zu sein (was auch nicht immer leicht ist), das gibt mir viel.
Die Brüder, die rituellen Arbeiten, die gescheiten Referate und der Glaube an ein höheres Wesen, an den Großen Baumeister aller Welten, der letztlich, trotz Blut, Mord und Tränen, die Welt ins Paradies führen wird.
Die Freimaurerei rühmt sich oft damit, daß bedeutende Männer (seit den Anfängen handelt es sich dabei um einen Männerbund) Mitglieder der Weltenkette waren und sind. Mozart, Heine, Börne. In diesem Zusammenhang vergesse ich nie, den Namen des Hitler-Ministers Hjalmar von Schacht zu nennen: Auch solche gab es dort. Und auch solche: Simon Bolivar, Franz Stephan von Lothringen, Friedrich den Großen, Giuseppe Garibaldi, Dag Hammarskjöld, den UNO-Generalsekretär; Abraham Lincoln, Charles Lindbergh, und auch der erste Mensch am Mond, Neil Armstrong, ist Freimaurer. Ebenso Gustav Stresemann und Yitzhak Rabin: Ich bin stolz auf diese meine Brüder. Oder ist jemand nicht gerne verwandt mit George Washington, mit Königen oder den Helden in KZs wie etwa dem Friedensnobelpreisträger Carl von Ossietzky?
Aber viel wichtiger ist mir, heute Brüder, auf die ich stolz sein will, an der Arbeit am rauhen Stein zu wissen. Das große Gestern ist schön und wichtig, aber notwendiger ist das Heute, und überlebenswichtig – das Morgen.

Meine Doktor Kerzls

Ab einem gewissen Alter ist jeder Tag ein Geschenk. Und daß diese Tage auch lustvoll und schmerzfrei ablaufen, das verdanken wir zu einem Teil der neuen Medizin und ihren Könnern. Es hat schon seinen Sinn gehabt, daß die Mächtigen aller Zeiten Leibärzte gehabt haben; und sie heute noch haben.
Kaiser Franz Josef vertraute seinem Dr. Kerzl, Bundespräsident Franz Jonas seinem Professor Deutsch. Ohne mich da vergleichen zu wollen, ich selber habe keinen Leibarzt, aber ich verdanke einigen Ärzten, die alle auch meine Freunde sind, viel: dem Wolfgang Hinterberger, Chefarzt und Professor, als Fachmann der inneren Medizin. Dem „Durchleuchter“ Walter Hruby. Als Orthopäde werkt an mir Professor Engel; und Professor Ulrich Maier („Uli“) doktert dort herum, wo es in einem gewissen Alter undicht zu werden beginnt. Dafür, daß alles, was schmerzhaft werden könnte, nicht spürbar wird, sorgt mein Freund Neumark, der famose Narkosespezialist.
Sie alle verbringen ihren Alltag im Sozialmedizinischen Zentrum Ost in Wien, das zu den wesentlichen Errungenschaften der Ära des international bekannten Blutforschers und Stadtrats Professor Alois Stacher gehört.
Dieser Alois Stacher gab – für verhältnismäßig wenig Geld – den Menschen jenseits der Donau ein Herzeige-Krankenhaus. Dort hat man auch meine Hüfte repariert, meine Blasensteine entfernt, großartig, perfekt. Aber am meisten beeindruckte mich in diesem Haus nicht die medizinische, sondern die menschliche Behandlung aller Patienten, nicht nur der sogenannten „Promis“.
Vor einiger Zeit besuchte ein berühmter amerikanischer Mediziner dieses Donauspital, fragte: „Wer wird hier versorgt?“ Der Kinderarzt Professor Sacher meinte: „No, die Menschen eben, die hier in der Gegend wohnen.“

Der Amerikaner war sprachlos: So etwas, meinte er, koste in den USA 5000 Dollar täglich.
Er weiß nicht, daß manche Leute bei uns dennoch unzufrieden sind. Hierzulande kann man im Krankenhaus schon hören: „Die Kiwi zur Jaus'n war zu weich!" Weintrauben, Kuchen und Kaffee aber haben geschmeckt, selbstverständlich auf Krankenkassenkosten.

Mein „Kerzl", der Wolfgang Hinterberger, hat in den USA den aktuellen Stand der Onkologie-Forschung studiert und dort auch praktiziert. Der gutaussehende 46jährige, Ehemann einer Ärztin und absolvierten Theologin, hat vier Kinder und wohnt in unmittelbarer Nähe des Krankenhauses. Er geht also zu Fuß ins G'schäft. Das ist für ihn ein erfüllter Traum der Kindheit: Arzt zu werden und in der Nähe seines Spitals auch zu wohnen.
Durch das Anziehen seines weißen Mantels verwandelt er sich allmorgendlich in eine Respektsperson, leitet „die Zweite Med."; ihm übergeordnet ist nur noch der Chef des Krankenhauses, Professor Tragl, der aus dem schönen Ort Wiesen im Burgenland stammt.
Wolfgang Hinterberger ist mir ans Herz gewachsen, denn er ist im Alter meines verstorbenen Sohnes Hansi. Und das erweckt Gefühle. Darüber hinaus vertraue ich ihm menschlich und medizinisch ganz . . .
Wir sehen einander etwa alle zehn Tage, und ich freue mich jeweils schon auf diese genußvollen Stunden.
Anders spielt sich das Zusammensein mit meinem Apothekerfreund Alfred ab: Sein Humor ist kleiner als sein Humorig-sein-Wollen, er ist oft unzufrieden mit sich und der Welt – und hat dennoch viel Herz. Wenn man ihn freundschaftlich aufbricht, kommt ein lieber und gescheiter Mensch zum Vorschein, den ich aus ganzem Herzen mag.
Komisch übrigens. Ich habe keinen meiner Freunde je gefragt, welche Partei er wählt. Aber eines weiß ich sicher: die ganz Rechten wählt keiner von ihnen.

Bisweilen denke ich darüber nach, ob wir den Ärzten erlauben sollten, ihre Kunst an uns auszuüben, etwa den Chirurgen, an uns rumzuschneiden . . . Hat das Sinn?
Wie bei vielen Menschen in meinem Alter beginnt auch bei mir die Angst vor dem Sterben immer mächtiger zu werden. Es macht mich nervös, bedrückt mich.
Ich bin nun bald 77. Wie lange noch?
Auf meinem Tisch liegen beinahe täglich Parten. Wieder einer. Der auch. Und sie schon?
Und man beginnt, sein Alter in Beziehung zu jenen Lebensjahren zu setzen, die auf den Todesnachrichten verzeichnet sind, die vor mir liegen.
Eben ist mein Kollege Peter Schratt abgetreten, ein Edelstein des Burgtheaters.
Vor kurzem erst mein Fahrlehrer bei der Deutschen Wehrmacht, Werner Nockemann. War doch erst 77.
Noch trauere ich um meinen Freund Hans Pflaum, 78.
Eh schon alt, alle. Richtig. Aber – alle haben sie gerne gelebt, und alle hätten sie gerne weitergelebt.
Eine Frage: Hätte ich Angst vor dem Tod, wenn mir alles völlig wurscht wäre? Natürlich nicht. Denn ich bin gerne da, und ich fühle mich kräftig genug, um allüberall mitmischen zu können. Die Hüfte ist operiert, die Blasensteine sind draußen: Ich hoffe innigst, daß diese Runderneuerung einige Zeit hält.
Die Lebensqualität ist gestiegen, die Laune hat sich verbessert. Dennoch: mein Corpus gefällt nicht nur anderen nicht, mir selber auch nicht mehr. Nein, ich hasse meinen Körper nicht, ich mißtraue ihm nur.
Schlaffe Haut, drunter ein bißl viel Fett, wenige Haare. O wie gerne würde ich mich mit geschlossenen Augen rasieren! Aber da ich dies nur naß mache, läuft's nicht.
Ja, ja, ich weiß schon, es gibt Leute meines Alters, die viel grauslicher ausschauen. Doch das ist kein Trost. Man will doch geliebt werden – können. Ich versuch's halt, letzter Ausweg – mit Duft und Pflege: Wenigstens appetitlich soll

man sein, wenn schon sonst nichts. Häuptling Duftende Wolke!
Trotz all dieser Malaisen willst du noch weiter leben, Fritz Muliar? Ja, aber in einem Zustand, der zu einem lebenswerten Leben gehört. Ohne Schmerzen, ohne Hilfsbedürftigkeit.
Trübe Gedanken: Wenn ich einmal nicht mehr Auto fahren kann, wenn ich nicht mehr ins Theater fahren kann, nicht mehr zu Freunden, nicht mehr in die Loge: eine Schreckensvision. Einsam sein, Schmerzen leiden: da liegen meine größten Ängste verborgen.

Als Zeitzeuge unterwegs

Madame Kranzl, die Kulturdame der Stadt Wels, hat mich im Rahmen der Aktion „Zeitzeugen" an ein Welser Gymnasium eingeladen. In diesem Zusammenhang war ich bisher vor allem in Wien oft unterwegs. Es geht bei diesen Veranstaltungen darum, über diese Zeit der Nazidiktatur authentisch, aus eigenem Erleben, zu berichten.
Wels war wunderbar: Da gab es ein aufmerksames, hellhöriges Publikum. Offen, empfangsbereit, auch widerborstig, jedenfalls diskussionsfreudig.
„Wie war das wirklich?", „Was war schlecht, was gut?"
Fragen, Antworten, Reflexionen.
Es geht ja nicht nur darum, den jungen, interessierten Leuten zu sagen, wie sehr der Boden, auf dem all das wachsen konnte, wie sehr die Ideologie schon miserabel war: Man muß den jungen Leuten erklären, daß Krieg angeordneter Mord ist, und muß den Mädchen sagen, daß es damals wohl eine NS-Frauenschaft gab, aber keine Frauenrechte. Glaube und Schönheit – keulenschwingende Rhönradfahrerinnen wurden zu Zuchtstuten entwürdigt. Alle wollten sie so aussehen wie die grausliche Reichsfrauenführerin Scholz-Klink. Je mehr Kinder, um

so goldener das Mutterkreuz. Dabei gaben sie ganz offen zu, was sie wollten: der Führer braucht Soldaten. Der Krieg war bereits so lange vorgeplant, daß man auch dem Aderlaß Rechnung trug und Gegenmaßnahmen vornahm.

Man wußte, daß Millionen von Menschen krepieren würden. Man rechnete mit dem schlimmsten und setzte auf Endsieg. Den Sieg predigte man auch noch, als die Sowjetunion nach Stalingrad wiedererstarkt war, und auch dann noch, als die USA in den Krieg eingriffen, und selbst dann noch, als Berlin vor dem Fall stand.

Man muß, erfuhr ich in Wels, den Jungen beweisen, daß die Autobahnen bereits vor der sogenannten Machtübernahme gebaut wurden, muß beweisen, daß hunderttausend Arbeitsmänner für 50 Reichspfennig pro Tag dieses Werk, das dem Krieg dienen sollte, vorantrieben. Kriegsnotwendig war auch die vielfach gelobte Volkswagenproduktion. Keine Arbeitslosen im Dritten Reich? Richtig, die Leute waren in der Wehrmacht, beim Reichsarbeitsdienst, bekamen zu den täglichen 50 Pfennig jedoch Kleidung (Uniform), Quartier (Kasernen, Baracken) und Essen (Gulaschkanone). Die Kosten für einen Arbeitsmann pro Tag: 2 Mark 20, für einen deutschen Landser 3 Mark 10. Eben, eine ordentliche Beschäftigungspolitik.

Ich erzählte ihnen von meiner Rekrutenzeit an der Front, von den Monaten in Frankreich, von den Lagern des Grauens sowie von der Kriegsgefangenschaft. Die Mädeln und Burschen wußten wenig. Wer trägt die Schuld daran, die Eltern, die Lehrer? Wissen sie alle wirklich nichts, oder wollen sie nichts wissen. Vielleicht so und so . . .

Wir waren auf Politik getrimmt: Mein Deutschlehrer im Jahre 1935 war der Literat Franz S., Großdeutscher, Antisemit, Nazi. Von Heinrich Heine sprach er böhmakelnd: „Ist eine jüdische Drecksau." Wundert es noch, daß manche aufgrund solch einer Ausbildung zu Nazis wurden?

Die Brauneders, will sagen: die Verfasser von Aula- und

anderen Pamphleten – sind keine Neuerscheinung. Nur daß sie bei aller Freiheit der Lehre nicht spurlos verschwunden sind, ist eine haarsträubende Fehlleistung.
Jugend ist verführbar, immunisierbar. Mein Besuch in Wels hat mich erkennen lassen: Der Nachwuchs ist gut, man muß ihn nur richtig, ohne Haß, auf sein gesundes Gerechtigkeitsempfinden hin informieren. Die Leute sind gegen Haß, gegen Gewalt. Aber Zettelverteiler in den Schulen sind – weil verboten – aufregend wie Marihuana. Und genauso wie dieses Einstiegsdroge. Daher müssen die Demokraten für die Vernunft und gegen die Gewalt für die Jugend kämpfen.
Aber was soll man denken, wenn man einem honorigen Mann, einem Humanisten wie Caspar Einem, nur Prügel zwischen die Füße wirft? Hat man denn schon vergessen, wie die Polizei im Jahre '38 innerhalb einer Stunde von einer VF-Truppe zur hakenkreuztragenden deutschen Exekutive wurde? Sie hatten die Naziarmbinden schon seit Tagen in der Tasche getragen und sie streiften sie über, als alles klar war. Auch deshalb kann ich „alles klar" nicht mehr hören.

Ich habe Angst . . .

Es war am 3. Oktober 1995. Um drei Uhr nachmittags bellte mein Hund und meldete Besuch an. Vor dem Gartentor stand ein Gendarmeriebeamter.
„Was gibt's denn?", rufe ich zu ihm hinüber.
Doch der Beamte legt nur den Zeigefinger an die Lippen: „Scht!" macht er und drückt mir einen Amtszettel des Gendarmeriepostenkommandos Groß-Enzersdorf in die Hand.
„Ich, Professor Fritz Muliar", lese ich da, „bestätige mit meiner eigenhändigen Unterschrift, daß ich am 3. Oktober um 15 Uhr über eine Briefbombendrohung gegen mei-

ne Person vom örtlich zuständigen Gendarmerieposten in Kenntnis gesetzt wurde.“

Also, ich war Ziel eines Terroranschlags, und ich war gewarnt worden. Wer, wann, wo und wie gedroht hatte, entzieht sich meiner Kenntnis. Ein Brief soll irgendwo eingegangen sein mit diversen Namen, die „bald drankommen sollten“.

Zum erstenmal seit langem bin ich unruhig, nervös. Und froh, daß wenigstens der Hund im Haus ist. Die folgenden Nächte sind von meiner Ängstlichkeit, meinen irritierten Nerven gekennzeichnet. Immer wieder fällt mir Salman Rushdie ein, zum Trost: Der lebt ja auch noch. Und Otto Schenk, der ebenfalls bedroht wurde, lebt. Seither öffnet er allerdings keine ihm verdächtige Post mehr. Während eines Telefongesprächs meinte Otti mir gegenüber: „Man schämt sich direkt, daß man noch alle Finger an der Hand hat.“

Also, ich schäme mich nicht, bin heilfroh drüber.

Franziska, meine Frau, hat kürzlich eine alte Lehrerin wiedergefunden, eine betagte, kranke, pflegebedürftige Frau. Franziska ist ein guter Mensch, pflegt die alte Dame ein, zwei, drei Tage die Woche, bleibt bisweilen in den Nächten dort; das ist durchaus zu achten. Dennoch, ich fühle mich allein, bin sehr belastet, habe in Anbetracht der Bombendrohung Angst.

Ich darf dennoch nicht ungerecht werden. Nur, leicht ist es nicht.

Ein morgendliches Pasticcio

Warum wird den sogenannten Alten unterstellt, sie hätten einen anderen Geschmack, eine andere Auffassung, eine andere Sicht, ein anderes Verständnis des Theaters als etwa mancher Altrevoluzzer, mancher linksfortschrittliche Jungmensch mittleren Alters, als mancher Kritiker?

Ich wollte heute mein Haus um halb neun verlassen, bin aber hängengeblieben, weil ich das „Pasticcio" des Hörfunks nicht versäumen wollte. Mein Freund Paul Angerer präsentierte den Wiener Gemeindebezirk Penzing – gescheit, gebildet, großartig. Aus jedem Satz sprach seine noble Gesinnung. Hörte man den sanften Patriotismus des wahren Österreichers und die kritische Liebe zum Land. Daß er von der Gott sei Dank gescheiterten Wiedergeburt des Großdeutschen Reiches das nämliche hält wie ich, verbindet uns.
Heute erfuhr ich von ihm, daß Graf Hadik Berlin eingenommen und einen ganzen Tag lang besetzt gehalten habe. Ein anderer unserer Feldherren hatte Berlin zwölf Jahre lang im Würgegriff und sich erst aus dem Staub gemacht, als die ehemals so attraktive Stadt in Schutt und Trümmern lag.
Was hätten seine Militärrichter gesagt, wenn unsereiner Flucht versucht hätte, Feigheit vor dem Feind hat das Delikt geheißen. Das ist der gar nicht so kleine Unterschied zwischen den Soldaten des Ersten und des Zweiten Weltkriegs.

Namensspiele

Erkenne dich selbst. Dieses große, oft mißverstandene Wort scheinen sich manche Leut' sehr zu Hirn genommen zu haben. Haben lange geforscht, in sich hineingehorcht – und sind davongelaufen: vor Scham, vor Schreck, oder einfach aus Feigheit. Wenn nicht gar aus „völkischen" Gründen. Denn anders kann ich es mir nicht erklären, warum sich die Hrupoclavitschniggs auf einmal Westernfelder nennen, die Watzlawiks Waldheim und die Morgensterns Morgan.
Dabei ist man doch hinter einem Namen so gut verschanzt wie sonst nirgendwo.

Vielleicht bauen sie vor allem in deutschen Landen in letzter Zeit – nicht Mode, sondern Manie – doppelte Namensschranken auf. Leuthäuser-Schnarrenberger diene als unschuldiges austriakisches Beispiel. Nein, es handelt sich nicht um jene Doppel- oder Dreifachnamen, die wir alle in abgegriffenen Handbüchern des deutschen Adels – kurz Gotha – wiederfinden. Legitimistisch ist hier legitim: Schneider-Manns-Au. Mayer-Stauffer, okay.
Wie schön aber sind erzählende Namen, die von ihren Trägern mit Würde und Freude getragen werden. Ich habe einen ganz lieben Freund namens Friedemann Held von Seufferheld. Irgendwann hatten die Vorfahren diesen schönen Namen auf einen schlichten Held reduziert, der sich – nach einer Nachdenkpause – nach Jahren wieder in einen Seufferheld verwandelte. Beides bestens zu verstehen.
Namen verraten über den Menschen wenig. An ihren Taten sollt ihr sie erkennen. So ist mein wichtiger Journalisten-Freund Paul Blau ein alter Roter bzw. ein neuer Grüner. Der liebenswerte Oberst Meran-Rothwangl ist natürlich von vornehmer Blässe. Landespolitiker Grünzweig hat auf Rot gesetzt, und Fürst Karl Schwarzenberg ist grüner, als manchen Schwarzen lieb ist. Haiders Parlamentspräsident Wilhelm Brauneder darf bei diesem Spiel nicht mitmachen. Denn dieser *nomen* ist nicht *omen*. Ettikettenschwindel? Denn Brauneders Vater hatte bis 1943 noch den Namen Bauch getragen.

Chuzpe ist dafür zu vornehm, Frechheit zu wenig

Da stellt sich ein Mensch einfach hin und begeht Rufmord, und man kann ihm nicht an, weil er ja immun ist. Man hat einzustecken, basta. Und dieser Intellektuelle aus dem Bärental, der nie noch ein Buch von H. C. Art-

mann gelesen hat, wagt es, einen wesentlichen Lyriker öffentlich zu schmähen, ihn als Säufer zu bezeichnen, der von der öffentlichen Hand bezahlt nicht nur lebt, sondern auch noch trinkt. Elendiger geht's wohl nicht mehr.
Nicht jeder will und kann sich in den Bars rund um den Wörthersee vollrinnen lassen – und es ist auch nicht jedermanns Sache, an bierträchtigen Festkommersen Gefallen zu finden.
Nicht jeder hat einen arisierenden Onkel, der einem ein Millionengut hinterläßt.
Es gibt Menschen, die ihr Leben in Ruhe verbringen wollen, und nicht jeder mag beschriftete Täfelchen in eine Kamera halten.
Artmann schreibt subtile Lyrik, er hat prachtvolle Übersetzungen aus dem Französischen veröffentlicht, spricht eine Menge alter und neuer Sprachen, er ist auch schlau und gewitzt und sehr gebildet. Kein Schnittlauch auf vielen Suppen wie vielleicht sein Angreifer.
Ich kenne H. C. Artmann nicht sehr gut, aber ich weiß immerhin, daß der alte Herr ein Mensch ist, den man auf gut wienerisch gesagt nicht anwischerln darf.
Ich habe Artmann während der Rauriser Kulturtage kennengelernt (der F-Hauptmann wird vielleicht nicht wissen, was das ist, aber ich kann ihn beruhigen; die Kulturtage in der Rauris wollen auch nicht wissen, wer er ist). Mir kann übrigens der Letztgenannte nicht vorwerfen, daß ich ein Freund des Claus Peymann oder der Dame Jelinek sei. Mir gefallen beide nur mäßig, weil sie ein Theater machen/schreiben, das mich persönlich anwidert.
Aber Herr Buhre soll weiterhin auf den Tisch pissen, und Frau Dene sich als Klosettbesucherin über die Muschel stülpen. Wenn's wem g'fallt, no bitte. Aber muß das alles wirklich gerade im Burgtheater stattfinden? Und ich bin auch kein Antisemit, wenn ich nicht alle Stücke des Herrn Tabori als gelungen empfinde.

Böse Zungen behaupten übrigens, der Unterschied zwischen Peter Handke und George Tabori bestehe darin, daß der eine ein Stück ohne Worte und der andere Worte ohne ein Stück geschrieben habe. Der selbsternannte Burgtheaterexperte Salman Rushdie hat – trotz seiner Empfehlung, den Vertrag Claus Peymanns zu verlängern – dazu noch nicht Stellung genommen.

Ich weiß nicht, wo H. C. Artmann politisch steht, links, rechts? Ein Guter ist er in jedem Fall. Nur ein einzigesmal habe ich mich über ihn geärgert, als er nämlich in Deutschland gesagt hat, er sei ein deutscher Dichter, dem man den österreichischen Paß aufgetrottelt habe. Doch wir haben das in Rauris ausgeredet, Schwamm drüber.
Artmann hat viele Freunde, und es war daher gar nicht notwendig, um ihn herum einen Festungsring zu errichten. Man hätte den Leuten nur sagen müssen, wieso er das ihm zustehende Geld bekommen hat (Bibliotheksgroschen usw.), und daß ihn die vorher nicht verlangte Steuereintreibung materiell ruiniert hätte. Minister Scholten hat da gut und richtig gehandelt.
Daß ein betuchter Millionär seinen Teil der Publicity haben will, sollte uns nicht stören, wenn es auch widerlich ist.
Hyänen reißen immer das beste Stück aus dem Leib des Opfers. Tierische Hyänen aber machen dies ausschließlich bei toten Viechern.

Eine ganz alltägliche Impression

Viktor Klima, Bundesminister für Finanzen der Republik Österreich und großer Tierfreund, stellte Professor Antal Festetics einen Saal zur Verfügung, damit der prominente Wildbiologe seinen neuesten Film vorführen konnte: „Geweihte und Gehörnte".

Ein künstlerisches und ein gesellschaftliches Ereignis. Nur Menschen von der Begabung Roman Schließers könnten das kongenial beschreiben. Das Sterbezimmer des Prinzen Eugen quoll über von Aristos, Forschern, Künstlern, und natürlich auch von VIPs.
Der rauch-kallatsche Mensdorf mit dem mich an eine sehr geliebte Gegend verweisenden Cognomen Pouilly. Der elegante Herr aus Grafenegg, Metternich-Sandor. ORF-Granden wie Paul Lendvai und Rudas. Und die schöne Exministerin Moser, eine richtige Sonja.
Es war tropisch heiß, meine Frau hielt die ganze Zeit tapfer durch, ich nicht, verließ auf eine Viertelstunde den Raum.
Antal war voll in Fahrt, und seine Eitelkeit erwies sich wieder einmal als berechtigt.

Danach: kleines Sparpaket-Buffet, das leergefegt war, als wir in seine Nähe kamen. Ideales Beobachtungsfeld für den einen Heuschreckenschwarm beobachtenden Wildbiologen.

Ein bisserl Lebensfreudigkeit

Ich kann Hölderlin nicht folgen, der da sagte, Mai und Juni seien verflossen, nun lebe er nicht mehr gerne.
Ich lebe gerne.
Zwar wird's von Jahr zu Jahr mühseliger, aber: ich reise, ich arbeite. Und ich schmiere. Nicht Buchstaben aufs Papier, sondern Salben auf meine Haut. Die aus der Ringelblume auf die Operationsnarben, auf die Schultern ein Antirheumatikum, ein wenig Cortisoncreme auf die beißende Wade, und was Beruhigendes aufs entzündete Zahnfleisch.
Dabei höre ich klassische Musik, und freu' mich der heute strahlenden Sonne.

Der Hund kratzt sich, er schnauft, seine Augenlider zukken. Ich fühle, wie er wieder duselig wird. Er ist jung und stark, ich liebe ihn sehr, auch weil er jung ist. Und weil er mein Alter erträgt.
Vielleicht ist er eine Nebensache, aber eine sehr wichtige.

Raunzereien zum Alltag

Umvolkung und Vertreibung

Da sitzen sie nun, die Fürsten des Friedens, der Menschenliebe und der Brüderlichkeit, und alle sind sie ratlos. So ratlos wie die Vereinten Nationen, mehr noch, wie die stets schlecht beratene, immer hilflosere amerikanische Administration. Schuld hat fast nie der amtierende Präsident, wie es oft gerne hingestellt wird; schuld tragen in der Regel die praktisch nie auf einen gemeinsamen Nenner zu bringenden beiden – Senat und Repräsentantenhaus. Da sitzen wenige, auf deren Stütze Mister President vertrauen könnte; dagegen sind stets mehr.
Und da sitzen vor allem die lähmenden Erzkonservativen Newt Gingrich und David Duke: Letzterer uns wohlbekannt, weil er sich offensichtlich mit unserem Jörg Haider gerne photographieren läßt, wie die „Washington Post“ vom 27. Dezember 1991 beweist.
Es ist nur allzu verständlich, daß Mütter und Väter der GIs nicht verstehen können, daß ihre Söhne in einem Land, das sie nicht einmal vom Geographieunterricht her kennen, das sie daher auch nicht interessiert, daß sie für so ein Land ihr Leben wegwerfen sollen, noch dazu in einer Sache, die ganz Amerika de facto nichts angeht.
Diese amerikanischen Soldaten sind freiwillig eingerückt, weil Soldatsein ihr Beruf ist. Und sie denken nicht wie die Herren Chamberlain und Daladier in den unseligen dreißiger Jahren: Hätten die Siegermächte des Ersten Weltkriegs beim Einmarsch der neuen Deutschen Wehrmacht ins Rheinland Maßnahmen ergriffen – die Welt sähe heute anders aus. Wir wissen, daß die deutschen Truppen, die damals das Saargebiet „heimholten

ins Reich“, anders als die Besatzungstruppen, die ’38 Österreich überfielen, nicht einmal Munition gefaßt hatten. Alles Bluff.
Und die Verfechter von „peace for our time“ ließen sich wieder von den unterschätzten Nazis bluffen. Gar nicht so ungern, denke ich. Und wieder lernt keiner aus der Geschichte. Ethnische Säuberung nennen diese Schweinskerle heute die Vertreibung Zehntausender Mohammedaner. Wie haben die braunen Dreckskerle die vertriebenen Südtiroler genannt? Optanten. Die braven Optanten bekamen im besetzten Osten Land und Bauernhöfe überantwortet, deren Besitzer ebenfalls vertrieben worden waren. Umvolkung ist kein neues Wort, Vertreibung das passendere.

Was ist schon die Wahrheit?

Natürlich, einmal muß man drüber reden, da keine Tuchent so lang und so breit ist, daß man alles drunter verstecken könnte. Es geht darum, die Waffen-SS als Teil der Deutschen Wehrmacht zu apostrophieren oder nicht. Eine Diskussion, die nicht erst F-Führer Haider losgetreten hat.
Erst fünfzig Jahre danach wollen die Leute – wollen sie’s wirklich? –, wollen jedenfalls die Zeitgeschichtler die sogenannte Wahrheit wissen. Nach all den Greueltaten der Serben, der Kroaten, der Bosnier; nach all den Scheußlichkeiten der Palestinenser und der Israelis, die uns täglich via Fernsehen ins Haus getrommelt werden. Da fragt man sich: Warum sollen die Amerikaner im Irak, die Franzosen in Indochina oder gar die Deutschen in der Sowjetunion humaner vorgegangen sein?
Natürlich ist nicht jeder Soldat ein Mörder, ein Töter gewesen. Aber eine Armee hat nun mal den Auftrag, auf dem Weg des Tötens zu siegen.

Wir ehemalige Soldaten sind keine Mörder, aber wir haben Menschen zu Tode gebracht. Wie soll man das sonst nennen? Wir haben nicht aus Notwehr getötet, sondern weil der andere eine andere Uniform getragen hat. In meinem konkreten Fall hieß es damals: Kampf dem Bolschewismus.
Aber: War jeder, der sich weigerte, Soldat zu werden, ein Bolschewik, wie es damals hieß? Nein. Aber es war auch nicht jeder, der die Uniform der Deutschen Wehrmacht trug, ein Nazi. Der drüben aber war der Befehlsgewalt des Marschalls Josef Stalin ausgeliefert, und der herüben jener des Führers und Reichskanzlers Adolf Hitler.
So einfach war das.

Und wenn heute alte Knacker verkünden, sie hätten „anständig gekämpft“, dann muß ich grimmig lachen. Oder: Ist es anständig, Häuser anzuzünden? Ist es anständig, die Speisekammern fremder Menschen zu plündern? Ist es anständig, sie zu Untertanenarbeit zu zwingen, sie einzukerkern, sie zu foltern, sie letztlich grausam zu töten? Nichts ist anständig in einem Krieg, weil Krieg an sich höchst unanständig ist.
Dennoch: Man hat aus tausendundeinem Grund mitgemacht, hüben wie drüben. Man hat versucht, sich „zivilisiert“ zu benehmen, menschlich zu sein, aber es gelang nicht immer, da nicht und dort nicht.
Volk ohne Raum. Rote Flut. Braune Pest. Aggression. Propagandagescheiße. Die Deutschen waren damals pleite, die Großindustrie wurde den von ihr selbst aufgebauten und geförderten Führer nicht mehr los („Hat der alte Hexenmeister . . .“).
Die „Lösung“: Krieg. Angriffskrieg, öffentlich als Verteidigungskrieg verkauft. Der adoleszent gewordene Pimpf wurde uniformiert zum Krepieren geschickt.
Und die drüben? Sie dachten, die Gangster in Berlin seien paktfähig. Das mag bei zivilisierten Regierungen gehen,

zwei Mafiaclans sind dazu nicht fähig. Die beiden waren einander zu ähnlich.
Heute spielen sich jene, die meinen, damals sei viel Gutes geschehen, zu Beschützern dieser alten Generation, der Soldaten von damals, auf. Als ob wir des Schutzes eines Jörg Haider bedürften. Wir, die nicht mutwillig Böses getan haben, wir brauchen diesen Schutz nicht. Uns macht niemand einen Vorwurf.
Pflichterfüllung? Schmarrn! Wären wir nicht an die Front gegangen, hätten sie uns im Hinterland als feige Defaitisten erledigt. Denn man hätte viele Jahre zuvor dafür sorgen müssen, daß diese hysterischen Lumpen nicht an die Macht kommen. Dann wäre vieles zu verhüten gewesen. Die Generation vor uns scheint der Versager zu sein; aber wahrscheinlich machen wir's uns auch so zu einfach.
Aber, Beleidigte da, Rachedurstige dort. Die Friedensdiktate nach dem Ersten Weltkrieg. Hungernde Menschen, Arbeitslose, Entwurzelte, sie neigen nicht zur Demokratie. Aber sie dominierten jene zwanzig Jahre zwischen den beiden großen Kriegen.
1914 bis 1945: Einunddreißig Jahre sind nichts für die Weltgeschichte, vom Leben eines Menschen allerdings ist dies oft mehr als die Hälfte.
Amerika hat 1945 begriffen, was es zu tun hat, eigennützig vielleicht: ERP, CARE, Marshall-Plan. Positive Entwicklungen.
Der Krieg ist nicht aus, rief der Reichsführer SS, Heinrich Himmler, wir werden als Werwölfe weiterkämpfen. Nichts erwähnte er von den ins Ausland verschobenen Milliarden, die damals begannen, Zinsen zu tragen,
Wer kann eindeutig meine These widerlegen, daß die neuen Nazis von den Zinsen dieses Kapitals zehren, sich und ihre Werbung finanzieren . . .

Frauenforderungen

30. August 1995. Jetzt outen sich die Weltmächte. So drückt man sich doch heute aus. Die Weltfrauenkonferenz in Peking erinnert mich sehr an die Olympischen Spiele in Berlin, 1936.

Damals sind die Nationen der Welt ins Deutsche, ins Nazi-Land, gepilgert, obwohl sie wußten, daß in diesem Dritten Reich Menschenrechtsverletzungen an der Tagesordnung waren. Hitler posierte als Gastgeber, und kaum einer sagte was, als sich der „Führer" weigerte, dem schwarzen Olympiasieger Jesse Owens die Hand zu reichen.

Nun fordern die Frauen in Peking wieder einmal die Einhaltung der Menschenrechte. Die Diktatoren lachen und lassen weiterhin politische Gegner exekutieren – ein bißchen vorsichtiger vielleicht, von wegen Organentnahme bei noch lebendigem Leib. Vielleicht darf ein Mitglied des Pekinger Damenkränzchens einmal mit einer Niere eines Gemordeten herumspazieren . . . Als Dank für wohlmeinendes Verhalten.

Man faßt sich an den Kopf – was muß denn noch alles passieren, bis die Interessen der Wirschaftshaie hinter die der Menschlichkeit gesetzt werden?

Dabei haben all diese Blutsäufer feierlich die Deklaration der Menschenrechte unterschrieben, deren wichtigster Punkt meiner Ansicht nach der „von Freiheit der Angst" ist. Aber wer schert sich um eine Unterschrift, wer um einen Vertrag, wer um die Freiheit des Wortes, wenn er durch Kumpanei Dollarmilliarden einramschen kann?

Vorbei die Empörung über das Massaker auf dem Platz des himmlischen Friedens, den sie vor nicht allzu langer Zeit in ein Schlachthaus verwandelt haben.

Mit welchen Gefühlen war Hillary Clinton über die blutgetränkten Steine dort gegangen? Mit welchen Gefühlen unsere neue Frauenministerin und ihr Gefolge?

Schämt euch, ich hab' meinen Freunden schon vorgewor-

fen, daß sie Verrat üben, wenn sie in Kroatien urlauben, wo sich Herr Tudjman freut, daß seine Frau weder serbisches noch jüdisches Blut in ihren Adern fließen habe, ein Minimussolini, der seine kommunistische Vergangenheit vergessen machen will, dieser gemockte Bursche.
Nur, in Uniform sieht der Herr Professor Präsident eher aus wie unser unverwechselbarer Eiserzeuger Tichy in seinen Anfangstagen. Und nicht wie Josip Broz, der sich Tito nannte.

Ein Bruder in Sachen Menschlichkeit

Die fanatischen Bombenwerfer haben wieder einmal ihr Ziel erreicht; der Frieden in Nahost wird noch unendlich lange auf sich warten lassen. So unmittelbar vor dem Ziel ein Rückschlag auf Jahrzehnte. Shimon Peres hat verloren, und mit ihm die Friedliebenden im Heiligen Land. Stärke wird auf Stärke, Mißtrauen auf Mißtrauen, Gewalt auf Gewalt treffen. Der eigentliche Sieger bleibt Rabin, der Märtyrer.
Welcher Rabin – eine Frage, die zu beantworten mir wichtig erscheint. Da ist der junge, der siegreiche General, der mit Mosche Dayan auf Krieg setzte, weil sie wohl damals nicht anders konnten. Oder der weise gewordene sozialdemokratische Staatsmann, der – zögernd, aber doch – dem Gegner Jassir Arafat in Washington die Hand zum Frieden reichte.
Damals schien der Friedensprozeß gelaufen zu sein. Heute bin ich davon nicht mehr überzeugt. Noch sitzen die Rabauken und Halbfaschisten (warum halb?) in hohen Ämtern, noch hängt von ihrem Wohlwollen ab, ob Netanjahu – den sie Bibi nennen – überhaupt regieren kann. Er braucht die Stimmen der Sharon und Eitan, und die sind – auch im Verhandeln Forderer – harte Jungs geblieben, stur und nicht kompromißfähig. Das mag sich im Krieg

gut ausmachen, mit Friedenspolitik hat das alles (Siedlungen am Golan!) nichts zu tun.
Der einzige, der sich überwinden konnte, war Rabin. Gott sei Dank siegte der Verstand über den Heroen. Er wog ab, wie es einem echten Heerfürer geziemt. Daß sein Tod (von einem „Rechten“ vollzogen) umsonst gewesen sein soll, das darf nicht geschehen, das darf nicht sein. Er war nicht nur ein Bruder König Husseins von Jordanien, er war auch mein Bruder im Geiste der Menschlichkeit.

Ein Schäuferl Vorurteil

erschienen in der „Furche“

Ich nehme an und hoffe sehr, daß es nur eine Dummheit und nicht auf bösen Willen zurückzuführen oder gar Ausdruck von offenem Antisemitismus ist, wenn eine Wiener Zeitung mit Großauflage einen faschistischen Russenpolitiker Tag für Tag als Edelstein-Schirinowski benennt. Ganz so, als würde Schirinowski nicht genügen, als würden vielleicht zwei davon existieren.
Meine Nachforschungen haben ergeben, daß dieser eigenwillige Radaubruder in seiner Heimat immer nur als Herr Wladimir Schirinowski – ohne jeglichen Edelstein – bezeichnet wird. Was will man also? Will man beweisen, daß auch jüdische Menschen Faschisten, Narren und Alkoholiker sein können? Da braucht man nur in den Geschichtsbüchern nachzusehen. Will man so verfahren wie die „Stürmer“-Journalisten (Verzeihung: Sie hießen damals Schriftleiter!) es getan haben? Die schrieben: Trotzki-Bronstein, Litvinov-Finkelstein.
Ich kann's nicht glauben, kenne ich doch einige (honorige) Chefs dieser Gazette. Wenn es aber so der Brauch werden sollte, dann bitte Feuer frei auf der ganzen Linie. Zum Beispiel: Peter Alexander-Neumayer, Hans Julier-Mo-

ser, Kurt Jagersberger-Jaggberg, Gerhard Schwabenitzky-Klingenberg, Kurt Watzlawik-Waldheim, vom Herrn Westentaler gar nicht zu reden. Tut man's nicht, merkt man die Absicht und ist verstimmt, oder, besser gesagt: wütend. Der Kronen-Dichter Wolf Martinek-Martin wird mir recht geben, wenn ich so in den Wind spreche.
Es genügt wohl nicht, daß wir im Land einen gut fundierten, tradierten Antijudaismus haben? Muß man noch ein Schäuferl nachlegen? Das ist gefährlich, unappetitlich und grauslich.
Mit Namen soll man vorsichtig umgehen. Mein Freund, der große Sänger George London – mein Wotan, mein Holländer, mein Scarpia –, sagte einmal zu mir: „Weißt du, ich heißt gar nicht wirklich London, aber mit meine Name man kann nicht beruhmt werden." Er hieß Bernstein. Schlecht?

Roma locuta. Causa finita?

Na also, jetzt tönt es endlich eindeutig aus Rom zu uns herüber, urbi et orbi: Ja, es gibt gerechte Kriege, so jedenfalls verstehe ich den Pontifex aus Polen, die EU möge doch endlich eingreifen mit einem solchen, im ehemaligen Jugoslawien. Auf welcher Seite? frage ich mich. Und: Warum hat Pius XII. nicht auch einen gerechten Krieg gefordert, als die Nazis ganz Europa zur Schlachtbank gemacht haben, als die Schlächter mit dem Schlächter Stalin paktierten? Damals schwieg Rom, aber es segnete die Waffen jener, deren Koppelschloß die Worte „Gott mit uns" trugen. Wie weit ist eigentlich der Weg vom gerechten zum heiligen Krieg? Was ich da und dort nicht gehört habe: Das Papstwort „Wir exkommunizieren alle jene, die mit dem tiefen Leid und existentiellen Nöten von Menschen Geld verdienen, wir bannen alle, die Waffen liefern, wir ächten alle, die Kriege nicht beenden, sondern sie perpetuieren wollen.“ Solche Worte haben wir aus Rom leider noch nicht gehört. Vielleicht wird's noch, aber bitte bald, die Zeit drängt.

Handke im Akademietheater

Handke ist mancherlei: eine Erregung, ein Dichter, ein Publikumsbeschimpfer. Jetzt ist er aber auch Verfasser textloser Stücke. Wohin ist aber der Autor der glänzend formulierten Publikumsbeschimpfungen gekommen?
Handke liest im Akademietheater seine „Gerechtigkeit für Serbien“, eine Veranstaltung, für die dem Burg-Kodirektor ebenso viel zu danken ist wie für alle besseren Ideen der Peymann-Direktion.
Handke präsentiert einen guten Text, eine sensible Beobachtung, ehrliches Bemühen; aber dann ein Absturz in eine viele Klafter tiefe Senkgrube. Ein anderer Handke, ein gehässiger, nervöser, keiner anderen Meinung zugänglicher. Er marschiert auf der Bühne herum, speit Gift und Galle.
„Schieben Sie sich Ihre Meinung in den Arsch! Scheißkerl. Arschlöcher.“
Da zerstört ein geifernder Dichter die von ihm in vierzig wichtigen Minuten aufgebaute positive Stimmung in anderthalb Minuten. Schade.
Handke hat ja recht: Man muß auch auf die Verbrechen der Tudjman-Leute (ich vermeide es, „der Kroaten“ zu sagen) und aller anderen am Jugoslawien-Krieg Beteiligten hinweisen. Auf die der Söldner, der Moslems, der Bosnier. Keiner von ihnen ist der Bessere gewesen, und alle haben sie vielemale jedes Völker- und Kriegsrecht gebrochen. Mörder auf allen Seiten, auf allen Fronten, gehören international angeprangert, verfolgt, verurteilt. Natürlich werden sich manche retten können, werden offiziell umgesiedelt, tauchen unter. Aber jeder soll wis-

sen, daß Mord, wo auch immer er geschieht, nicht ungesühnt bleibt.
Hitler und seine Banditen haben, feige, wie sie waren, Selbstmord verübt. Sie hatten Angst, verhöhnt, bespuckt zu werden. Hermann Göring hatte wenigstens den Mut, vor seinem Suizid von Volk und Treue zu sprechen.
All dies darf nie mehr geschehen. Da es jedoch wieder geschehen wird, da Kriege offensichtlich für einen Teil der Menschheit unverzichtbar sind, sollte ein ständiges Kriegsverbrechertribunal tagen, das sadistische Gemetzel – wie etwa in Tuzla oder Srebrenica, in Grosny – ächtet, verfolgt, bestraft.
Natürlich hat Handke in vielem recht, und seine Argumente sind beachtenswert. Ich richte mich nicht gegen diese Inhalte, ich richte mich gegen die Art seiner Diskussion nach der Lesung. Denn damit schadet er nicht nur sich selbst (was seine Sache ist), er schadet auch der gerechten Sache. Lenkt davon ab, daß nicht nur die Herren Slobodan Milošević und Radovan Karadžić, sondern auch Herr Franjo Tudjman und vielleicht sogar Herr Alija Izetbegović zur Verantwortung gezogen werden müßten.

Warum Handke im Parlament las

erschienen in der „Furche"

Nur a Göld, nur a Göld, ist das schönste auf der Welt . . .
Auch wenn man Diskussion und Kulturbeflissenheit plakatiert – also, ich glaub's nicht!
Peter Handke ist ein (in Paris lebender) bedeutender österreichischer Schriftsteller, Nationalratspräsident Heinz Fischer ein scharfer Denker und kluger Kopf, ÖVP-Professor Khol ein – privat – konzilianter Mann und Vorzeigeösterreicher.
Da treffen sich also der Khol und der Fischer in der verrauchten Cafeteria und stellen fest, koalitionsgeeint: Also,

die Kroaten und die Bosniaken rutschen bedenklich in die Nähe der Steinzeit zurück. Serbien ist der Gewinner dieses Krieges und trägt statt der Kalaschnikows seit neuestem den Friedenspalmwedel im Fäustchen. Wie also wieder die abgemockten Beziehungen aktivieren?
Ei, sagt der Erste Präsident, die Amis haben dazumal mit den Chinesen Tischtennis gespielt, wir machen's einfach mit der Kunst. Im Akademietheater hat der Dichter des wortlosen Burgtheaterstückes viel Aufmerksamkeit erregt. Mit seinem Text und besonders der Aufforderung, sich die Betroffenheit in den A . . . zu schieben. In Beograd haben s' pascht, wie er dann dort gelesen hat. Trotz der Sprachverschiedenheit, weil: auf den Geist kommt es an.
Also, sagt der Tiroler, da mach' ich mit, soll er nur kommen. Das wird dem Milošević gefallen, und dann werden die Belgrader wieder mehr bei uns einkaufen. Naja, wir brauchen's dringend, Sparpaket und so weiter, eh schon wissen.
Lieb lächelnd nickt auch Heide Schmidt zu diesem Plan. Nur was der Herr Brauneder gesagt haben könnte, will ich mir nicht vorstellen, weil an die, zu denen er gehört, möchte ich nicht einmal denken.
Und das Volk? Mein Gott, da geht's quer durch, und 95 Prozent der Wähler interessiert das überhaupt nicht. Viel geschadet wird uns der Dichterauftritt im Parlament nicht haben.
Und ob er was gebracht hat, wird sich weisen. Als nächstes wird der Altbundespräsident Kurt W. seine Erinnerungen präsentieren – in Buchform – und wo, auch im Parlament. Wo trotz Rauchverbot geraucht wird, daß es nur so staubt. Beim Handke war ich nicht, zum Alt-Kurti geh' ich auch nicht. Und rauchen kann ich zu Hause. Wozu also und warum soll ich mich mit dem Parlamentsprogramm, wo's gar so kulturell wird, beschäftigen?

Ihr werdet es erleben

In nicht einmal fünfzig Jahren werden irgendwelche Lumpen auftreten, hüben wie drüben, und werden konsequent behaupten: „Nein, es war nicht so!"
Kroatien und Serbien werden leugnen, lügen, beschönigen. Es wird keine Vertreibungen gegeben haben, keine Vergewaltigungen, keine Folterungen, keine Massenmorde. Alles, werden sie sagen, alles wäre korrekt gelaufen, genau nach den Ergebnissen einmütiger Verhandlungen.
Über die Massengräber würde dann längst dichtes Gras gewachsen sein, wären nicht inzwischen darüber Hochhäuser gebaut worden. Das ist doch eine optimale Lösung: Über Schädelstätten und Hinrichtungsplätze soziale Einrichtungen zu errichten, Kindergärten zum Beispiel. Auf den Ruinenfeldern sind natürlich Ministerien, zumindest aber Parteizentralen entstanden. Alles war immer so in Ordnung, und wer anderes behauptet, der lügt.
Nur, den wenigen dann noch Überlebenden der Massaker werden die abgerissenen Glieder nicht nachgewachsen sein; doch man wird diese Menschen als Opfer des Straßenverkehrs ausgeben. Und wenn einer dann sagt, nein, ich war ein Opfer der Kriegsverbrechen damals, so wird man den Kopf schütteln und meinen: „Davon aber hat Herr Tudjman nichts gewußt." Denn die Weste des Herrn Tudjman wird dann in völlig weißem Licht erscheinen, so weiß wie die Phantasieuniform, mit der bekleidet er friedlich im Mausoleum ruht.
Kossovo Polge heißt schon lange Milošević-Feld. Izetbegović, der damalige Führer der inzwischen gezähmten Muslims, verstarb nach einem opulenten Essen im Hotel Negresco in Nice, allwo er seinen Lebensabend als Emigrant beendete. Seine Söhne sind ausgewandert und leben ihr bescheidenes Dasein als Bankpräsidenten im arabischen Raum.
Sie sehen – so würde die bekannte Zeitschrift „Aula"

berichten: Wie gehabt, alles Lüge der feindlichen Medien. Denn die Tötung so vieler Menschen, wie bösartig behauptet wird, wäre nämlich schon rein technisch nicht möglich gewesen, weil die verfeindeten Armeen gar nicht genug Munition gehabt hätten, weil die Kapazität der Erschießungsplätze in diesem Ausmaß nicht gegeben gewesen wäre, vor allem aber, weil zu wenige Mauern gestanden wären, an denen man die zu Erschießenden aufstellen hätte müssen.
In fünfzig Jahren wird es völlig neue, heute noch gar nicht zu erahnende Dolchstoßlegenden geben. Auf den Schreibtischen werden ganze Konvolute von Zeitungen aus der ersten Hälfte der neunziger Jahre unseres Jahrhunderts liegen, gleichsam als Beweismaterial.
Und die Welt wird vergessen, die Opfer werden tot sein, und die Krüppel verhungert. Nun ist es an der Zeit für neue Kriegsverbrechen, neue Greuel, neue Vergewaltigungsorgien einer wildgewordenen Soldateska, Bauunternehmungen werden lange vor den Ausschreitungen bereits die Pläne für den Wiederaufbau in der Tasche haben. Ausgebucht werden wieder die Urlaubsorte sein, die damals nahe der Front lagen; und die paar Menschen, denen das wenigstens peinlich ist, werden hören: Macht euch nur keine Sorgen.
In fünfzig Jahren werden sie alles verdrängt haben, und man wird nicht glauben, daß ein Volk zu solchen Scheußlichkeiten überhaupt fähig war.
Aber des Schicksals Mühlen arbeiten so langsam wie jene Gottes, jedoch sie mahlen stets. Und eines Tages werden aus den Wällen und Mauern brandrote Schriften leuchten, dann werden uns die Rechnungen für all das präsentiert werden, Denn SEIN ist die Rache, sagt der Herr, wer immer er sein möge. Und er wird sein Wort einlösen, dessen bin ich gewiß.

Zum Ende kommend . . .

Ehe ich dieses Buch abschließe, überfliege ich es noch einmal, lese mich da und dort fest und erkenne, daß ich gewissen hier geschilderten Personen und Persönlichkeiten gegenüber eine Meinung zwar nicht ändere, aber feiner einstelle.
Ich bin froh, daß ich mit dem Altbürgermeister Helmut Zilk nicht mehr streiten muß, es hat mich oft geschmerzt.
Ich gebe meinem Freund Franz Morak noch immer in sehr vielem recht.
Ich bin zufrieden mit dem Umstand, zu den quälenden Querelen des Burgtheaters nichts mehr sagen zu müssen.
Strich, aber in diesem Fall nicht drunter.
Wenn vor 1997 kein anderer bestimmt wird, haben manche die Ausrede, daß dieses Chaos weitergehen müsse, aus Gründen des akuten Direktorenmangels.
Und noch eines bleibt – während alles andere weiterfließt – gleich: mein Mißtrauen, mehr noch, mein Unbehagen der F-Bewegung gegenüber, die das rot-weiß-rote Logo von ihren Plakaten entfernt hat. Glauben Sie, daß das alles gut ist für Österreich? Ich nicht!
Die waffentragenden Studenten, die Buberlpartei mit Arbeiterzugang, sie alle zeigen ihre wahren Schmisse immer offener.
Die wahren Gesichter lassen sich durch Styling und modische Lappereien nicht verstecken. Daran wird auch der politische Wandergesell Georg Mautner-Markhof nichts ändern. Ich ahne ja, was den alten Geistreichler antreibt. Er will rechts zu Hause sein und hofft, dort irgendwann einen liberalen Pfahl ins f-lich-teutonische Fleisch zu rammen.
Ich gönne ihm sein Gottes- und Selbstvertrauen, auch wenn ich da höchst skeptisch bin. Denn der Jung-Stadler der F paßt zum Alt-Liberalen Mautner wie eine Faust aufs Auge. Nicht jede solche Berührung macht wahrhaft blau.

Der durchaus humorige Mautner-Markhof scheint auch noch nicht zu merken, daß das Lachen des nun Kurzgeschorenen immer starrer und gekünstelter wirkt. Jedoch, Leute, die nicht voll aus dem Bauch heraus lachen können, Leute, die nur ein Grinsen aufsetzen, die sind mir suspekt.

Mein Gott, wie hat der Bruno Kreisky lachen können! Da ging die Sonne auf.

Oder der alte Gorbach, der Anton Benya! Leopold Figl grölte nahezu.

Nur der Herr Beweger ist allemal maliziös. Wer hat ihm denn das eingeredet, daß er nun wirkt wie der Verschnitt von Lederhosenbua und Pfarrvikar.

Nein, auch da habe ich meine Einstellung, was diese Dobermänner unter sich betrifft, in keinem Punkt geändert. Solche Gruppierungen haben wir bereits hinter uns gelassen, glaubten sie überwunden zu haben.

Es ist nahezu rotzbübisch, Schmucknarbenträger von heute mit den Korporationen des Jahres 1848 zu vergleichen. Die Heutigen vergessen, daß jene damals auf der Seite der Bürger um Freiheit und Menschenrechte gekämpft haben. Auch als Partner eines Dr. Fischhof. Erst viel später haben sich Burschenschaftler zum Barbarierparagraphen bekannt.

Ich selber habe einige dieser Figuren in der Zeit vor dem Zweiten Weltkrieg gekannt, auch während des Hitler-Regimes, und selbstverständlich danach, als sie – ohne Proteststürme in der Parteispitze auszulösen – schamlos beim BSA, dem Bund sozialistischer Akademiker, untergekrochen sind.

Jene, die ich meine, sind van Tongels und Scrinzis Erben, und nicht die der Märzgefallenen von 1848. Jede andere Behauptung ist unverfroren. Und unwahr.

Strich drunter.

Register